挑戦を続け
何度でも蘇る

ドナルド・トランプの名言

桑原晃弥

ぱる出版

はじめに

ドナルド・トランプが２０２５年１月20日、アメリカ合衆国第47代大統領に就任しました。トランプは２０１６年の大統領選挙に共和党から出馬して当選、第45代大統領（２０１７年１月20日〜２０２１年１月20日）を一期務めますが、２０２０年の大統領選挙でジョー・バイデン（第46代大統領）に敗れます。その後、トランプの支持者たちによる国会議事堂襲撃事件などやいくつかの疑惑やスキャンダルがあったものの、トランプへの熱狂的な支持が衰えることはなく、２０２４年の大統領選挙で当選、任期を連続しない再選（返り咲き）を果たしています。グロバー・クリーブランド（第22代、24代大統領）以来、実に１３２年ぶりの快挙です。

トランプの大統領就任に合わせるかのようにイスラエルによるガザ侵攻の停戦が合意され、長く続くロシアによるウクライナ侵攻にも停戦を探る動きが出るなど、戦争や紛争が多かったバイデン政権時代との決別が期待されるトランプ政権ですが、一方で関税政策によって大きな影響を受ける国も多いだけに経済戦争に関しては予断を許さない状況になっています。大統領が変わることによって国の政策が変わるのは当然のことですが、第１期大統領時代もそうであったように、世界はこれからの４年間、トランプや、盟友イーロン・マスクが打ち出す政策によってさまざまな変化を強いられることになりそうです。

私がトランプの名前を知ったのはニューヨークのマンハッタンに完成したトランプ・タワー（１９８３年完成）を目にしてからです。仕事でアメリカ各地を視察した時のことですが、その壮麗さ華麗さに度肝を抜かれたのを覚えています。学生時代から父親の会社で不動産の仕事に携わっていたトランプはトランプ・タワーによって「若き不動産王」となるわけですが、１９９０年代には不動産不況によって莫大な借金を抱え、破産の危機に追い込まれています。

しかし、トランプはこの苦境を脱して事業を発展させただけでなく、２００４年からはテレビのリアリティ番組『アプレンティス』のホストとして絶大な人気を博するようになり、元々有名人だったトランプの知名度はさらに広がりを見せることになります。その後もトランプの事業は浮き沈みを経験しますが、２０１６年の共和党候補を選ぶ戦いにおいて当初は泡沫候補と言われながらトランプ旋風を巻き起こし、共和党候補、大統領へと一気に駆け上がるという、究極の「アメリカンドリーム」を実現しています。

このようにトランプの人生は成功と失敗の繰り返しと言えますが、よくある成功と失敗と大きく違うのは、**トランプが若い頃から「でっかく考える」ことを心がけ、とてつもない成功と失敗を繰り返してきたことです**。アメリカ大統領になることも40歳の頃から口にして、「出馬する」

と言っては「止める」を繰り返したこともあるように、トランプが幾度もの危機を乗り越えながら不動産王から大統領にまで上り詰めることができたのは、**まだ何者でもなかった頃から常に「でっかく考え」、失敗を恐れず「やってみればいいではないか」と挑戦を続けた結果と言えます。**

本書で紹介したトランプの言葉には「政治家トランプ」の言葉も含まれていますが、主に「経営者トランプ」の言葉をまとめたものです。**ビジネスでの成功、人生の成功を願う人にとって貴重なヒントを与え、心をポジティブにしてくれるものばかりです。**

ビジネスも政治も、世界も先行き不透明な時代です。だからこそ、トランプの持つ大きな夢を描く力、押しの強さ、打たれ強さはきっと生きる力になるはずです。

本書の執筆には、ぱる出版の原田陽平さんにご尽力いただきました。感謝します。

桑原晃弥

目次

▼ 挑戦を続け何度でも蘇る ドナルド・トランプの名言

はじめに　3

第1章 「成功哲学」を語る

第1話 大きく考えろ。シングルヒットを狙うな。ホームランを狙え　18
第2話 やってみればいいではないか。失うものが何かあるのか　21
第3話 自分自身と競争せよ。成功した後も、それをさらにしのぐ成功を達成する方法を探せ　24

第4話 あなたがマーケティング部長なら、自分を単なるマーケティング部長と定義せず、マーケティング担当副社長になる途中のマーケティング部長と定義しよう 27
第5話 私は歴史的人物と呼ばれるには若すぎるが、そうなる可能性を示唆するものがある 30
第6話 大規模な物件の視察に一日しか割けないとしたら、私ならまず絶対に昼食は抜く 33
第7話 私の二の舞を演じるな。集中し続けることだ 36
第8話 重要なのは仕事にどれだけの時間をかけたかではなく、その間に何を成し遂げたかであることを学んだ 39
第9話 行動を起こす前に、100%機が熟すのを待ってはいけない 42
第10話 金持ちになる唯一の方法は、現実に目を向け、下品なほど正直になることなのだ 45

第2章 「お金の稼ぎ方」を語る

第1話 私は数十億ドルという金の価値がどんなものかを知っているが、同時に一ドルの価値についても知っている 50
第2話 お金の無駄は私にとって腹立たしく馬鹿げたことだ。だから私は大金を儲けることができる 53
第3話 お金を稼ぐことを第一の目標にしてはならない。お金は自分の成功のご褒美の1つと考えよう 56
第4話 25セントの電話代をかけて1万ドルの金を倹約することができなくなったら、その時は引退する 59
第5話 私の子どもたちは手本を見てお金の大切さを覚えた 62

第6話 建設費を計算することはできるが、収益を正確に予想することはできない 65
第7話 ゆめゆめ金融の『専門家』が1から10まで教えてくれるなどと期待してはいけないのである。自分で知っていなければならない 68
第8話 50年にしてくれと言わなかったからだ 71
第9話 世の中で最も良い男と最も悪い男を時に応じて使い分けなければならなかった 74

第3章 「自分の売り出し方」を語る

第1話 私は飛ぶ鳥を落とす勢いの起業家風の服装をした 78

第2話 宣伝に値することをした時には遠慮せずに自己宣伝をしよう 81
第3話 宣伝の最後の仕上げははったりである 84
第4話 記事になるのは、ヒーローと悪役、成功と失敗だ 87
第5話 私は事実とつくり話を混同したことはない 90
第6話 私はトランプ・タワーを強引に宣伝したが、これは宣伝に値する最高の商品だったのだ 93
第7話 政治家は政治的な経験はあるだろうが、常識と一般社会での経験が欠如している 96
第8話 聖書の次に来るとしたら『アート・オブ・ザ・ディール』だろう 99
第9話 私は攻撃されることなど屁とも思わない。メディアが私を利用するのと同じやり方で、私もメディアを利用する 102

第4章 「逆境に負けない生き方」を語る

第1話 初めに彼らは無視し、次に嘲笑い、それから戦いを仕掛け、そして私たちが勝利する 106

第2話 負けを認めれば負ける。状況の悪さは認めても、最後までやり抜く決意があれば、勝つチャンスが生まれる 109

第3話 僕は折れるよりは戦う。一度でも折れると、たちまち弱気という評判がたつからだ 112

第4話 景気がいい時の売れ行きに気を良くしてはいけない。市場は常に変化している 115

第5話 特に苦労が多い日に私はよく、これは競技なんだ、くじけずに走りぬかなければと考える 118

第6話 私の主な役割は、関係者全員が悲観的になっても、自分だけはポジティブでい続けることである 121
第7話 どれほど打ちのめされたと思っても、チャンスはまだある。だが、待っていてもチャンスはやってこない。さあ仕事だ 124
第8話 失敗を終焉とみなしてはいけない 127
第9話 他人の成功を邪魔することに達成感を感じる連中が世間にはいる。こうした人々を私は敗者と呼ぶ 130

第5章 「人を動かし人を魅了する方法」を語る

第1話 手に入れるのが難しいものほど、人は欲しがるのだ 134
第2話 社員が自分以上に働いてくれると思ってはいけない 137
第3話 最高の人材を雇え。ただし、決して彼らを信用するな 140
第4話 どんなに込み入った問題でも10語足らずで説明できる 143
第5話 これは壮大なプロジェクトだ。この仕事で君は一躍スターになれるぞ 146
第6話 相手がどう接するかが、そのまま私の相手に対する接し方になることもある。これを私はフェアプレーと呼んでいる 149
第7話 友達選びは慎重に行う必要がある。形ばかりの友人とは縁を切れ 152
第8話 自分の話す題材について、完璧に知り尽くせ 155
第9話 すべての人は第二のチャンスを与えられるべきである 158

第6章 「生き方の信条」を語る

第1話 私にとってばくち打ちとは、スロット・マシンをする人間に過ぎない。私はスロット・マシンを所有する方を好む 162
第2話 ときどき私は夜眠れなくなる。早く起きたい、早く仕事に行きたい、と思うと眠気が吹っ飛んでしまうのだ 165
第3話 目隠しをしてビジネスはできない。視野を広める努力を日課にしなければならない 168
第4話 仕事は真面目に考え、自分のことはちょっと不真面目に考えよ 171
第5話 声に出して『なんてすてきな1日だろう』と言ってみよう 174

第6話 美しさに触れると、生活の他の部分も美しくしたくなる。そのようにして、より高いレベルに到達できるのだ 177
第7話 私はいかなる握手も認めない 180
第8話 新しいアイディアや情報に心を閉ざしてはならない 183
第9話 上へ登る時には、足元の人々に気を付けろ。下へ降りる時、足元にいるのは同じ人々なのだから 186
参考文献 189

組版・本文デザイン：松岡羽（ハネデザイン）

第1章

「成功哲学」を語る

第1話

大きく考えろ。
シングルヒットを狙うな。
ホームランを狙え

「トランプの真実」

人は最初に「夢」を描き、その夢を達成するために努力します。だとすれば、人が何を成し遂げることができるかは、最初に描く夢の大きさによって決まります。

小さな夢を描けば、ささやかな成功を前に「夢がかなった」と満足することになりますし、大きな夢を描けば、その夢を実現しようとがむしゃらに努力するほかありません。大リーグで活躍する大谷翔平は花巻東高校の頃から大リーガーになることを夢み、ワールドシリーズ優勝やサイヤング賞投手になろうと考えていました。最初から「世界一」を意識していたからこそ、その夢は今や現実となり始めています。

ドナルド・トランプは成功した不動産屋の息子として生まれ、早くから仕事にも慣れ、それなりの大金も稼いでいましたが、父親の「クイーンズを離れるな」という教えに反して、橋を渡ってマンハッタンに乗り込むことを夢み、そして実行しています。マンハッタンではトランプ・タワーというマンハッタンを代表する建物をつくり上げ、さらに多くの建物やカジノを手がけ、2009年にはシカゴに92階建てのトランプ・インターナショナル・ホテル・アンド・タワーを完成させています。「どうせ何かを考えるなら、大きく考えろ」が信条のトランプは子どもたちにもこう言い続けています。

「大きく考えろ。シングルヒットを狙うな。ホームランを狙え」

こう考えるトランプはやがてアメリカ大統領選への挑戦を決意します。その際、多くの人から言われたのは「まずは知事選か上院議員選に出馬すべきだ。少なくとも下院議員選挙に出るべきだ」でした。トランプは不動産王として、テレビの『アプレンティス』を通じて高い知名度を誇ってはいましたが、選挙に勝つためには地上部隊となる支持基盤が必要で、選挙戦を乗り切った経験やノウハウを持つスタッフやチームが欠かせないからです。そのためにはせめて知事選や上院議員選といったより現実的な所からスタートすべきというのが常識的な意見でした。

トランプ以前、こうした選挙経験や政治経験なしに大統領になった人はいないだけに、誰もが「無謀」と考えましたが、トランプは長年の信条とも言える「大きく考えろ。シングルヒットを狙うな。ホームランを狙え」を実践、アメリカ大統領当選という特大のホームランをかっ飛ばしたのです。小さな夢しか描けないのは、野心と自信が欠けているからです。ものごとを始めるならささやかな夢ではなく、大きなスケールの夢からスタートする。そうすることで初めてでっかいことを成し遂げられるのです。

ワンポイント

可能な限りでっかい夢を描く。そうやって初めてでっかいことが実現できる。「誰もやっていない」からこそ、やり抜けば圧倒的な勝者になれる。

第2話

やってみればいいではないか。失うものが何かあるのか

「大富豪トランプのでっかく考えて、でっかく儲けろ」

人が新しいことへの挑戦をためらう理由は「失敗」への恐れからです。慣れたやり方であれば失敗のリスクも小さく、成果も計算することができます。一方、経験のない新しいことというのは当然失敗の恐れがあるし、もし失敗して上司から怒られたらいやだとか、みんなから「だから言わんこっちゃない」などと言われたくないからです。

新しいことに挑戦して失敗するくらいなら、慣れ親しんだ、よく知っている世界で慣れたやり方をやり続ける方がいいというのが多くの人の考え方です。こうした考え方に「ノー」を突き付けながら成功してきたのがトランプです。トランプは父親が成功を収め、トランプ自身もよく知る、慣れ親しんだ地区を離れ、マンハッタンでの不動産ビジネスに挑戦したことで分かるように、**失敗を恐れることなく新しい事業や分野に果敢に挑戦し続けています。**

トランプの名前を全米中に知らしめることになったテレビ番組『アプレンティス』への出演依頼はトランプにとってまったくの未知の世界でした。テレビの常識からいけば成功よりも失敗のリスクの方がはるかに高いものでした。50を超えるネガティブな声（「明日の成功者」）の中にはこう忠告する人たちがいました。

「番組が失敗した場合、君のイメージダウンは計り知れないものになるぞ」

言われてトランプはこう答えています。

「もともとひどいイメージで見られているんだ。これ以上悪化したとして、何の不都合がある?」(「でっかく考えて」)

結果は大成功で、トランプの人気を不動のものにしています。

あるいは、プロレス団体WWEの会長ヴィンス・マクマホンに誘われ、「億万長者対決」と呼ばれる髪切りマッチへの参戦を表明した時も、周囲は反対の声ばかりでした。プロレスが好きなことと、その試合に自分の髪の毛を賭けるのは別物です。しかし、トランプはこう言って反対の声を押し切ります。

「キャラがどうした? やってみればいいではないか。失うものが何かあるのか」

トランプが不動産王の名声に固執していたなら、いずれも実現しなかった企画ばかりです。

究極は誰もが反対したアメリカ大統領選挙への出馬ですが、トランプは「それなら、やってみればわかるじゃないか」と言って出馬を決意しています。**トランプはあえてリスクを取ることで新しいことに挑戦し、大きな成功を手にしています。** 大きな成功を望むなら、リスクを前に「やってみればいいではないか」と言い切ることも大切なのです。

ワンポイント

リスクはあって当たり前。あえてリスクを取るからこそ成功できる。

第3話

自分自身と競争せよ。
成功した後も、
それをさらにしのぐ成功を
達成する方法を探せ

「トランプ　最強の人生戦略」

何か大きなことを成し遂げた人には二つの道があります。一つは成し遂げたことに満足してその後は悠々自適のゆったりとした人生を楽しむ道と、もう一つは「今」に満足することなく「より良く」を追い求める道です。

トランプは若くして大きな仕事を成し遂げています。トランプ・タワーはマンハッタンを代表する建物となり、その時代を象徴する建物の一つとなりました。若い頃から「いつかマンハッタンで大きな仕事を」と願っていたトランプは１９８３年、わずか36歳でその夢を叶えたことになります。しかし、この時トランプはこう考えていました。

「トランプ・タワーが完成し商業ビルとして大成功した時、これはほんの始まりに過ぎないと私は思っていた」（『明日の成功者』）

トランプ・タワーの成功の後も、トランプはトランプ・ワールド・タワーの建設やカジノ施設、航空会社トランプ・シャトルの創業、さらにはミス・ユニバース機構の買収やテレビ番組『アプレンティス』の大ヒットなど飽くことなき事業意欲を見せています。こうした多彩な活躍はトランプによれば、「自分の実績に満足することなく、自分の可能性に蓋をしなかった」（『明日の成功者』）お陰だといいます。トランプは言います。

「もうすべてやり尽くした、ベストを尽くしたとはゆめゆめ思ってはいけない。そんな考えは、安易にあなたの可能性を損なうだけだ。死なない限り、できることはまだたくさんある」（『明日の成功者』）

「限界」とか「満足」は自分が決めるものです。自分で自分に「もう十分だ」と言わない限り、人はどこまでも挑戦することができます。トランプは言います。

「高みを目指す者は一つのことを達成してもそこに甘んじない。そこが始まりとなる。高みを目指す者は常に前進している」（『明日の成功者』）

結果、トランプはアメリカ大統領にまで上り詰めるわけですが、もしトランプ・タワーが完成した後、「若き不動産王」という名声に酔いしれていたら、それは決して実現することはありませんでした。当時からトランプは「自分自身と競争せよ。一発屋で終わってはならない。成功した後も、それをさらにしのぐ成功を達成する方法を探せ」と次なる挑戦を続けました。トランプによると、自己満足は人を蝕《むしば》み、「能力」を発揮できなくさせるといいます。**どれだけ成功しても、さらなる高みを目指す。それがトランプ流の成功し続けるための生き方なのです。**

ワンポイント

何かを成し遂げたら、そこで満足せず、さらなる高みを目指す。

第4話

あなたがマーケティング部長なら、
自分を単なるマーケティング部長と定義せず、
マーケティング担当副社長になる途中の
マーケティング部長と定義しよう

「大富豪トランプのでっかく考えて、でっかく儲けろ」

今は随分と変わってきましたが、かつて日本人とアメリカ人の履歴書の書き方について言われたのは、日本人は本来自慢していいはずの自分がやったことやできることさえ謙遜して控えめに書くのに対し、アメリカ人はやったことがない、できるかどうかさえ分からないことや、ほんの小さな役割しか果たさなかったことも大げさに「できる」「やった」と主張するということです。

こうした日本人の姿勢を「謙遜」と見る人もいますが、「人間は自分の評価通りの人間になる」というトランプの説に従うと、謙遜は相手のあなたへの見方を「小さく」「低い」ものにする恐れがあります。

トランプによると、ほとんどの人は自分自身と自分の能力を過小評価する傾向があるといいます。成功するためにはそれを逆にして、他人よりも自分の能力や頭脳の方を高く評価することが大切だというのです。トランプは言います。

「世間の人々は、あなたから受け取ったヒントを元に、あなたがどんな人間であるかを判断する。自分を高く評価しているという姿勢を示せば、他の人々もあなたを高く評価するようになる」（『でっかく考えて』）

「自分を高く評価する」というのは具体的にどういうことでしょうか。こんな例を挙げています。

「あなたがマーケティング部長なら、自分を単なるマーケティング部長と定義せず、マーケティング担当副社長になる途中のマーケティング部長と定義しよう」

同様に一戸建て住宅の建築業者なら、集合住宅の建築業者になる途中の一戸建て住宅の建築業者と定義する。法律事務所の助手なら、法律事務所の共同経営者になる途中の助手と定義しろ、ということです。

掲げる目標は高い方がいいのです。ある高校の野球部は県大会を目標にしていた時はなかなか勝てなかったのに、甲子園優勝を目標にしてから一気に強豪校になったといいます。でっかい目標はものの考え方や行動の仕方までも変えてくれることがあります。**どうせ掲げるならでっかい目標を掲げよう。それが自分を変え、周りの見方さえ変える原動力になるのです。**自分の可能性を自分で制限するほど愚かなことはありません。考えることも言うことも、でっかく大きくいく。それがトランプに成功をもたらした「トランプ・スケール」です。

ワンポイント

今がどうなのか以上にでっかく考えて、でっかくなるために行動しよう。

第5話

私は歴史的人物と呼ばれるには若すぎるが、そうなる可能性を示唆するものがある

「金のつくり方は億万長者に聞け！」

トランプの成功哲学のポイントは「自分は今よりもはるか遠くに行くことができる」と心の底から信じて、それを実行し続ける点にあります。仮に会社に勤務しているとすれば、今は課長でも、自分はいずれ社長になるから、今の役職はその過程に過ぎないと考えますし、何か大きなことを成し遂げたとしても、「これは次へのスタートに過ぎない」と次を見据《みす》えるところに大きな特徴があります。

そしてそれは「成功した今」だからではなく、「まだ何ものでもなかった若い頃から」の考え方でした。トランプが不動産ビジネスで最初の成功をおさめたのは1980年、34歳で開店させたグランド・ハイアット・ホテルになります。破綻寸前のコモドアホテルを買収して、素晴らしいホテルにつくり変えただけでなく、荒廃していた周辺の環境まで大きく変えています。

続く大きな事業がトランプ・タワーです。1983年になります。以後、相次いでビッグプロジェクトを成功させたトランプは37歳の頃、こんな言葉を口にしています。

「何もかもさっさとやってのけてしまった。経験豊かな人間がやったとしても、一生かかるほどの仕事をやってしまった」(『トランプ』)

「この7年を振り返って、37歳で私ほどの仕事をした人間はいないはずだ」(『トランプ』)と振り返り、「父親を乗り越えることのできる人間は少ない」と、不動産ビジネスの師匠だった父親を超えたことを誇らしげに語っています。

成功者の中には「生き急ぐ」かのように猛烈なスピードで仕事をやり続ける人がいますが、トランプもその一人と言えます。かといって、スピードを落とすわけではなく、さらに加速したうえで、時に自らの偉業に酔いしれることも忘れません。破滅の危機から完全復活を遂げていた2003年、トランプ・インターナショナル・ホテル＆タワーについてこう話しています。

「私は歴史的人物と呼ばれるには若すぎるが、そうなる可能性を示唆するものがある。このビルもその一つだ」

「地図に残る仕事」という言い方がありますが、不動産ビジネスの特徴は「ものが残る」ことにあります。トランプはさらに建物に自らの名前を冠することで「トランプ」という名前も多くの場所に残しています。そんな「歴史的人物」を目指す最後の仕上げがアメリカ大統領への就任だったのかもしれません。

ワンポイント

どうせ目指すなら「歴史に名を残すほどの人物」になろう。

第6話

大規模な物件の視察に
一日しか割けないとしたら、
私ならまず絶対に昼食は抜く

「トランプ自伝」

ものづくりの世界に「現地現物」という考え方があります。何か問題があったなら現地に行って現物を見ながら考えろ、という教えです。現地に行って現物を見れば何が問題で、原因は何か、考えたアイデアは正しいかどうかが見えてくるのに対し、現地現物を怠って机上だけで考えてしまうと実際の役に立たないものになってしまいます。

不動産の取引も同様です。ドナルド・トランプは土地を買おうとするときには、同業者が頼りがちな有名なアナリストも雇わなければ、マーケット・リサーチも信用しませんでした。では、どうするかというと、**「自分で調査し、自分で結論を出す」**（『トランプ自伝』）タイプだったからです。

何かを決める時には現地に行って、いろいろな人の意見に耳を傾けます。買おうとする土地の近くに住んでいる人たちに学校のことや治安のこと、商店のことなどを尋ね、タクシーの運転手に話を聞きます。

そうやって根掘り葉掘り聞いているうちに何かがつかめてくるというのです。そこで納得して初めて結論を出すのがトランプのやり方でした。一方、正反対だったのがトランプから物件を買った不動産投資信託でした。

トランプが所有する団地は長く優良物件でした。購入した時にはトラブルもありましたが、それらを一つ一つ改善するうちに優良物件になり、トランプにたくさんの利益をもたらしてくれましたが、やがて団地の周りの環境が悪化、トランプは団地を売りに出すことにしたのです。関心を示した不動産投資信託の担当者が調査に訪れましたが、担当者は予定の時間より遅れて正午頃に到着、団地はほんの少し見ただけで地元の有名なレストランで3時間かけて昼食をとり、さっさと帰っていったのです。

お陰で団地は売れ、トランプは６００万ドルの利益を手にしたものの、団地に住む人たちは次々と契約を解除、不動産投資信託はたくさんの空室を抱えることになったのです。トランプは言います。

「大規模な物件の視察に1日しか割けないとしたら、私ならまず絶対に昼食は抜く。そして買い付けようとする物件についてできるだけ多くのことを知ろうとするだろう」

成功するためには細部まで気を配り、可能な限り情報を集めることが欠かせません。こうした努力を怠れば、後には失敗と後悔だけが残されるのです。

ワンポイント

成功したければ自分の目と足を使って納得いくまで調べ尽くす。

第7話

私の二の舞を演じるな。
集中し続けることだ

「金のつくり方は億万長者に聞け！」

スポーツの世界で言われることの1つが「勝つことは難しい。勝ち続けるのはもっと難しい。負けた後、再び勝つのはさらに難しい」です。たしかに競争の激しい世界で最初の勝利を手にするのはとても難しいことですが、そこから勝ち続けるには大変な努力が欠かせません。とはいえ、いつまでも勝ち続けることは不可能でいつか敗北が訪れるわけですが、そこからの低迷を脱し、勝利できる人やチームは滅多にいません。

トランプは若くして不動産ビジネスで成功を収め、次にテレビの『アプレンティス』で人気を博し、さらにアメリカ大統領にまで上り詰めています。輝かしい勝利の連続ですが、その人生は必ずしも一直線の成功物語ではありません。いくつもの企業が破産や破綻、廃業となっていますし、1990年代には絶体絶命の危機にも陥っています。

理由はいくつかあります。日本でもバブルの崩壊によってたくさんの金融機関、不動産会社などが破綻していますが、アメリカでも金融の引き締めなどによっていくつもの不動産会社が破綻に追い込まれています。トランプもその影響はもちろん受けていますが、トランプ自身はそれ以上に自らの集中力の欠如が危機を招いたと考えています。理由は慢心でした。80年代のトランプは絶好調で、プロジェクトは立て続けに成功し、本はベストセラーとなり、ヨットや自家用ジェットなども手に入れます。

ある雑誌はそんなトランプをこう評したほどです。

「トランプが触れるものすべてが金に化けた」

まさに「ミダスタッチ」である。すべてが順調なトランプはやがて服に興味がないにもかかわらず、ヨーロッパのファッションショーに出かけるといった行動を取るようになり、「その散漫さが事業を傾かせていった」といいます。

そこに不動産市場の崩壊が追い打ちをかけます。90億ドルを超える負債を抱えて破産の危機に瀕することになりますが、99もの銀行との粘り強い交渉を経て何とか生き延びたばかりか、その後は再び勢いを取り戻すことに成功します。トランプは言います。

「もっともっとという欲が衰えた時、あなたは坂道を転がり始めるのだ」

さらにこうアドバイスしている。

「私の二の舞を演じるな。集中し続けることだ」

どんな成功者でも成功し続けるためには集中し続けることが大切なのです。散漫さは一瞬にしてすべてを奪うことになるのです。

ワンポイント

成功し続けたいのならどんなに好調でも集中し続ける。

第8話

重要なのは
仕事にどれだけの
時間をかけたかではなく、
その間に何を成し遂げたか
であることを学んだ

「トランプ自伝」

人を評価する時、つい目が行くのが「何時間働いているか」であり、「汗の量」です。朝は早くから会社に来て、夜も遅くまで残業をして、土日の出社も厭《いと》わずに働き続ける人がいます。そういう人を見て、「あいつ、がんばっているなあ」と感心する人がいるのは事実です。あるいは、現場などで大粒の汗を流しながら走り回っている人間を見ると、やはり「がんばっているなあ」と褒める人がいます。たしかに「時間」と「汗」は人のがんばりを証明しているように見えますが、それは本当なのでしょうか。

トランプは若い頃、団地スウィフトン・ヴィレッジの管理人を何人も代えたのち、ようやく「有能な男」を見つけています。その管理人は100％信頼できる人間ではなかったものの、管理人としては一流でした。働く時間は多くはありませんでしたが、他の管理人が12時間かかる仕事を1時間くらいでやってしまう能力があったのです。この管理人の仕事ぶりを見てトランプはこんなことを学んだといいます。

「重要なのは仕事にどれだけ時間をかけたかではなく、その間に何を成し遂げたかであることを学んだ」

「時間」や「汗」よりも「成果」を評価するトランプがこんな話を披露していました。ある広告代理店で働くライターは他の社員と違ってせっせと働くそぶりも見せず、席に座ったまま何もしようとはしませんでした。怒った他の社員が経営者に文句を言うと、経営者は「彼の邪魔をしないように」（『金のつくり方』）と言うのみでした。**理由は働くそぶりを見せなかったライターが時折思いつくアイデアは何百万ドルもの収益を会社に何度ももたらしたことがあったからです。見るべきは「働きぶり」ではなく、「何を成し遂げたか」です。**トランプは言います。

「私は取引そのものに魅力を感じる。けれども最終的には、どれだけの取引をしたかではなく、どれだけ達成したかで人は評価される」（『トランプ自伝』）

スポーツの世界に「努力には正しい努力と間違った努力がある」という言い方があります。間違った努力というのはどれだけ時間をかけてやったとしても成果に結びつかないのに対し、正しい努力をしっかりとすれば成果に結びつきます。「努力は報われる」は「正しい努力」をして初めて言える言葉です。勤勉であることは好ましいことですが、成果を上げるためには効率良く、ムダのない努力をすることが必要なのです。**人が評価されるのは「長時間働いた」ことではなく「何を成し遂げたか」なのです。**

ワンポイント

がんばればいいというものではない。成果につながるがんばりだけが評価される。

第9話

行動を起こす前に、100％機が熟すのを待ってはいけない

「大富豪トランプのでっかく考えて、でっかく儲けろ」

「できない言い訳は100ほどもある」という言い方があります。人間というのは失敗を恐れ、新しいことへの挑戦をためらう傾向があります。そのため、何か新しいことをやれと言われて、そこに100%の成功確率がなければ、何やかやと言い訳を考えて「やらない」方向に持って行こうとするものです。

その場合の言い訳はいくらでも考えることができます。たとえば、自分には賢明さが足りないとか、自分には経験が足りないとか、自分はまだ若すぎる、自分はもう若くないから、自分は女だから、自分にはお金がないから、などとさまざまな言い訳を用意して、何とかやらない方向に持って行こうとするものですが、こうした言い訳についてトランプはこう言いきっています。

「中身のない言い訳は、捨ててしまうのが一番だ。言い訳は恐怖のあらわれである。しかし、最も恐怖を感じる行為をあえてやってしまえば、あなたの中から恐怖は消え去る」(『でっかく考えて』)

トランプによると、ものごとを始める前にあまりに時間をかけすぎるのはよくないといいます。時間をかけすぎることは「形を変えた引き延ばしの言い訳」であり、それよりも「考えるのをやめ、行動に移る」(『でっかく考えて』)ことが大切だというのです。

トランプは素晴らしいアイデアを持ちながら実行できなかった人を何人も知っています。どんな素晴らしいアイデアもひとりでに実現するわけではなく、「実行に移す」ことで初めて価値を持つのです。

こう言うと、「条件が整わないのにスタートするのは乱暴だ」という声が聞こえそうですが、社会の中で数々の問題と格闘してきたトランプはこう考えることも大切だと話しています。

「行動を起こす前に、１００％機が熟すのを待ってはいけない。あなたは現実主義者になる必要がある。現実世界に完璧など存在しない」

何かを始める前に「お金、人、時間、技術、タイミング」などと完璧を求めすぎると、たいていの場合、誰かに先を越されてせっかくのチャンスを逸するか、スタートできないままに終わってしまいます。一度でも「できない言い訳」を探し始めると、できない理由ばかりが浮かんでくるものです。それよりもまず「やる」「できる」と決めてしまうことです。そうすれば、次に考えるのは「どうやるか」だけであり、行動を起こすことができるようになるのです。

ワンポイント

「できない言い訳」を探すのではなく「どうすればできるか」を考え実行しよう。

第10話

金持ちになる唯一の方法は、現実に目を向け、下品なほど正直になることなのだ

「大富豪トランプのでっかく考えて、でっかく儲けろ」

トランプは紛《まぎ》れもなく成功した実業家ですが、成功をもたらすのは「がむしゃらにやる覚悟」と考える伝統的な成功者でもあります。

たしかにテレビや雑誌などを見ていると一夜にして有名になる人がたびたび登場します。たとえば、「ユーチューブ」の画像がきっかけで大きなチャンスを手にする人もいれば、一つの賞を手にすることで日本中にその名を知られる人もいます。時にこうした人たちはかつては「シンデレラ・ボーイ」「シンデレラ・ガール」などと呼ばれることもあったほど、まさに世間からは「一夜にして」だったのです。

しかし、落ち着いて考えれば分かることですが、バレエやバイオリンのコンテストで優勝するような若者は一体、いくつの時から練習に励み、どれほどの努力を重ねてきたのでしょうか。オリンピックでメダルを手にするような選手のほとんどは小学校の頃から一途に競技に打ち込んでいます。今や「世界一の野球選手」となった大谷翔平は小学校2年生で本格的に野球を始めていますが、プロになってからは「1日のほとんどは寝ることと野球をすること」と言われるほど野球漬けの日々を送っています。

インターネットの世界で成功した若者も一つのアイデアを花開かせるために週に80時間、90時間、それも何年も働き続けています。宝くじが当たるならともかく、大きな成功の陰にはほとんどの場合、圧倒的な努力の日々があるのです。トランプは言います。

「成功への道が一本道で、頂上までまっすぐ伸びていると思っている人は、まったく現実を分かっていない。一夜にして成功した人などまったくと言っていいほどいない」（「金のつくり方」）

さらに「多くの人は成功者を見る時、最終結果ばかりに目を奪われ、あらゆる努力は見逃される」とも言っています。

成功というものは、長期にわたる奮闘や努力の末に勝ち取るものであり、たとえそこまでやったとしても絶対に成功する保証はない、というのが現実です。そんな現実を知るトランプはこう言いきっています。

「金持ちになる唯一の方法は、現実に目を向け、下品なほど正直になることだ。雑誌で読んだりテレビで観たりした非現実的な幻想は捨て去った方がいい」

投資でも短期間でスターになった人には気をつけた方がいいと言うほど、トランプは長期にわたる奮闘努力の力を信じています。

ワンポイント

成功者を見る時は結果よりも、その過程に目を向ける。

第 2 章

「お金の稼ぎ方」を語る

第1話

私は数十億ドルという金の
価値がどんなものかを知っているが、
同時に一ドルの
価値についても知っている

「THE TRUMP」

「Newsweek」によると、トランプがアメリカ人から支持される理由の一つは**億万長者でありながら、庶民感覚の持ち主と見られているからだといいます。**

ある晩、ニューヨークのメトロポリタン美術館で開かれたおしゃれなチャリティーコンサートに招待されたトランプは、高級シャンパンを手に談笑する上流階級のエリートたちをしり目に、ほんの10分で会場を後にして、自宅に戻り、ポップコーンを頬張りながらテレビのフットボール中継を楽しみました。

トランプは金持ちであり、成功した実業家でありながら上流階級のエリートを好きではありません。そんなトランプに多くの人が好感を持っているというのです。トランプはたしかに数十億ドルのプロジェクトを推し進める実業家ですが、こうしたビルやホテルを建てるために建設現場で働く人たちのこともよく知っています。

大規模なプロジェクトには巨額のお金が動きますが、そこで利益を生むためには1ドルも疎《おろそ》かにできないという厳しい現実があります。トランプは言います。

「私は数十億ドルという金の価値がどんなものかを知っているが、同時に1ドルの価値についても知っている」

大統領になったトランプが指摘し、そして今も指摘しているように政治家や行政にはこうした厳しいコスト感覚が抜け落ちています。「自分の金」ならもっと大切にするはずですが、自分の金ではない「国民が払った税金を使う」となるとなぜかルーズになってしまいます。トランプはビジネスの厳しさについてこう言っています。

「自分の仕事に関することは、ペーパークリップに至るまで、あらゆる側面に目を配らなければ、あとあとになって落とし穴に気づかされることになる」(『金のつくり方』)

敬愛するベンジャミン・フランクリンの言葉を引いて、「ベンジャミン・フランクリンがかつて言ったように、**『小さな出費に気を付けよ。小さな漏れが大きな船を沈ませるだろう』**。**事業には、見落としてもいい些細なことなどないのだ**」とも言っています。

政治家や行政に最も欠けているのは、こうした「小さな出費に気を付けよ」という感覚です。大きなお金なら誰しも気を使うものですが、小さなお金となると、つい「このくらいはいいだろう」となりがちで、それが積もり積もって巨額の赤字を生む原因となるのです。金額の多寡に関わらず**お金の本当の価値を知るからこそ税金を効果的に使うことができるし、苦しむ庶民に目配りできる**というのがトランプの考え方です。

ワンポイント

小さな出費にこそ気を付けろ。小さなムダも積み重なると大きなムダになる。

第2話

お金の無駄は私にとって
腹立たしく馬鹿げたことだ。
だから私は
大金を儲けることができる

「タフな米国を取り戻せ」

２０２４年11月のアメリカ大統領選挙で当選、大統領への復帰を果たすことになったドナルド・トランプが掲げる政策の目玉の一つが「政府効率化省」です。そのリーダーの１人にトランプはイーロン・マスクを起用、マスクは規制緩和やムダの排除によって年間６兆５０００億ドルの政府支出全体から2兆ドルの削減を目指すことになります。

アメリカの抱える巨額負債はかねてより課題となっており、第1期トランプ政権でも取り組んだものの、望むような成果を上げることはできなかっただけに、今回はマスクというアメリカを代表する起業家で、高い発信力を誇る人間をトップに据えることで何とか歳出削減を実現させたいのでしょう。

不動産会社の経営者時代からトランプは政府や州政府を「我々が稼いだ金を国家のものと考えているに違いない」と批判してきました。１９８６年、トランプはニューヨークのセントラルパークにあるウォルマン・スケートリンクを改修しています。トランプ・タワーのトランプの部屋からそのリンクはよく見えるわけですが、トランプによるとニューヨーク市のへまのお陰で7年間も閉鎖されていました。ニューヨーク市は7年間と２１００万ドルを費やしたにもかかわらず、リンクをオープンすることができずにいました。お役所仕事や税金の浪費に我慢できなくなったトランプはプロジェクトを引き継ぎ、予算がオーバーしたら自分が差額を負担すると言って請け負います。トランプは豪華なタワーマンションやカジノの建設には長《た》けていてもスケートリンクなどつくったことはありませんでしたが、アメリカ最高のスケートリンク施行者を見つけ、いつものように細部にまでこだわり、自ら徹底的に管理監督することで、6カ月の予定を4カ月で、費用も180万ドルで完成させたのです。

結果、ウォルマン・スケートリンクには、たくさんの子どもたちや家族連れ、旅行者たちに素晴らしい体験を提供できるようになります。トランプは言います。

「こうしたことは浪費ではなく節約から生まれるのだ」

日本でもそうですが行政のつくる箱モノは長い時間と費用をかける割には「負の遺産」となることが少なくありません。**大切なのは大金をかけることではなく、プロジェクトの予算を節約し、効率重視でつくることというのがトランプのやり方です。**「お金の無駄は私にとって腹立たしく馬鹿げたことだ。だから私は大金を儲けることができる」がトランプの流儀であり、このやり方をビジネスだけでなく政府にも適用しようとしているのです。

ワンポイント

お金の浪費からは何も生まれない。節約と効率から良いものが生まれ、金持ちになれる。

第3話

お金を稼ぐことを
第一の目標にしてはならない。
お金は自分の成功の
ご褒美の1つと考えよう

「トランプ　最強の人生戦略」

「お金が目当てで会社を始めて、成功させた人は見たことがない」はアップルの創業者スティーブ・ジョブズの言葉です。人が起業する目的はいくつもあります。その中には「大金持ちになりたい」という目的も当然含まれていますし、ジョブズだって、ビル・ゲイツだって若い頃は「大金持ちになりたい」と明言しています。

しかし、ビジネスを始め、その目標が現実のものになるにつれ、お金以外のもの、たとえば「世界を変える」といったより大きなものに目が向き始め、そこから一気に成長が加速しています。

トランプも同様です。不動産ビジネスの成功によって大富豪への道を歩み始めたわけですが、一方でお金よりも取引そのものに魅力を感じ、芸術とも呼べる素晴らしい建物を建てることに満足を覚えてもいます。**「人の役に立つ仕事を、情熱を注ぎ込む対象にできれば、金は後からついてくる」**（『でっかく考えて』）とも話しています。

そして時には「お金が儲かる」のではなく、「お金を払う」ことでやると決めた仕事さえあります。代表的なものが別項でも触れたウォルマン・スケートリンクの改修工事です。この工事を請け負うことでトランプが得る金銭的なメリットは何もありませんでした。むしろ損失が出る可能性さえあったわけですが、トランプは「儲けることではなく、サービスを提供する」（『でっかく考えて』）という動機から工事を申し出ています。

こうしたケースはしばしばあるようで、トランプは「もしも金が唯一の目的なら、私は大切な仕事をいくつか逃していたはずだ」（「でっかく考えて」）と話しています。トランプによると、**自分が取引に入るのは対象や内容が気に入っている時だけで、「お金だけのための取引はしない」という考え方をしています。**

たしかに人が生きていく上でお金は欠かせないものであり、トランプ自身、お金のお陰で素晴らしい人生を送ることができたと認めていますが、お金以外にも重要なものはたくさんあり、たとえば①仕事や挑戦から得られる刺激や満足感、②人の役に立つ、善いことをする喜び、③仕事を通して成長できる、④優れた人との出会いや交際―などいくつもの良きことがあります。

お金は大切なものですが、かといって「お金を稼ぐことを第一の目標にしてはならない」というのがトランプの考え方です。自分が夢中になれる、素晴らしい仕事をした結果として得られるのがお金であり、それは「成功のご褒美の1つ」なのです。

ワンポイント

まずは自分が満足し納得できる仕事をしよう。お金は目標ではなく成功のご褒美。

第4話

25セントの電話代をかけて
1万ドルの金を倹約することが
できなくなったら、
その時は引退する

「トランプ自伝」

トランプが建てる建物はとても豪華です。最高の建物をつくるためのお金は惜しまないし、その豪華さを維持するためのメンテナンス費用も惜しむことはありません。こうした費用を節約すればもっと儲かるのに、といった提案には断固とした「ノー」をつきつけます。だからこそ、最高の建物は最高であり続けることができるわけですが、かといって当初の予算計画を大幅に超過するとか、利益度外視の建物をつくるようではビジネスとして成功することはありません。

トランプの考え方は「必要なことには金を出すが、必要以上には出さない」（「トランプ自伝」）というものです。こうした考え方は父親のフレッド譲りのものです。

トランプの父親が建てていたのは家賃が法律などによって統制され、勝手に値上げすることはできない住宅でした。上限が決まっている以上、利益を上げるためには当然、厳しいコスト管理が要求されます。トランプによると父親は「信じがたいほど厳しい現場監督」（「トランプ自伝」）であり、「すべてのもののコストを熟知」して、「どの業者も父をだますことはできなかった」といいます。

価格交渉には相手の手掛ける製品やサービスを熟知していることが欠かせません。単に「価格を下げて」と言うのではなく、相場と比べて高いか安いかを一瞬で見抜き、「こうすればもっと安くなる」と提案できるほどの知識が必要になります。こうした知識なしに値下げを要求しても、相手の「無理ですよ」に跳ね返されるだけなのです。あるいは、無理に値下げをすると、品質などどこかに問題が生じることになります。

トランプもそんな父親譲りの厳しさを持っていました。どれほど成功しても、業者の見積もりや請求額が少しでも高いと感じるとすぐに電話でクレームをつけるといいます。なぜ大金持ちになっても、「わずかな金のことで騒ぎ立てるのか」という不満に対するトランプの答えは「25セントの電話代をかけて1万ドルの金を倹約することができなくなったら、その時は引退する」というものでした。

どんなに素晴らしい計画を立てても、妥当なコストで実現できなければ、やる意味はありません。自分が金持ちであるかどうかや、企業が儲かっているかどうかに関係なくコストに対する厳しさがあって初めてビジネスで成功することができるのです。

ワンポイント

どんなに金持ちになっても倹約の精神を忘れず、コスト管理を徹底しよう。

第5話

私の子どもたちは手本を見てお金の大切さを覚えた

「金のつくり方は億万長者に聞け！」

トランプの父親は不動産で成功したかなりの資産家です。お陰でトランプは最高の教育を受けることができましたし、不動産業の基本を早くから学ぶことができました。大学を卒業した頃には既に20万ドルの財産を持ち、ブルックリンとクイーンズの建物に投資していたほどです。

当時のことをトランプはこう振り返っています。

「私たちは大きな家に住んでいたが、自分たちを金持ちだと考えたことはない。みな一ドルの価値を、勤労の大切さを知るように育てられた」（『トランプ自伝』）

トランプの両親は働き者で、倹約家でした。暮らしは豊かでしたが、決して贅沢《ぜいたく》をするというわけではありませんでした。派手にお金を使うことはなく、外食もほとんどしませんでした。休暇といっても、それほどあちこちに出かけることもなかったといいます。そして父親は子どもたちに多額の信託財産を与えることも好みませんでした。

そんな両親のもとで育っただけに、トランプも子どもたちにはお金に関して決して甘やかすことはありませんでした。トランプによると、子どもたちは親を見て何が大切かを学ぶといいます。お金にルーズな親を見て育つと、子どももお金にルーズになりますし、ギャンブルが好きな親を見て育つと、子どももギャンブルを楽しいものと錯覚します。言葉遣いや立ち居振る舞いにも親の影響は色濃く出ます。

だからこそ、トランプは子どもたちを必要以上に甘やかすことはなかったのです。きちんと予算を立てて、その中で暮らし、クレジットカードには上限も設けます。子どもたちは夏休みにはアルバイトをして小遣いを稼いだといいます。

そしてトランプ自身、オフィスを出る時は忘れずに電気を消しますし、ビルを買う時も、ドラッグストアで日用品を買う時もできるだけ安いものを買うようにしました。理由はこうです。

「私の子どもたちは、手本を見てお金の大切さを覚えた」

トランプによると、お金について子どもたちを教育しないのは、食べ物を与えないのと同じことだといいます。親は子どもに「どう稼ぎ、どう使い、どう節約し、どう投資するか」を伝える義務があります。それは「貪欲《どんよく》さ」を教えるためではなく、お金とうまく付き合っていくための知恵を授けることでもあるのです。

「親がお金について教えなくて、誰が教えるのか」（「金のつくり方」）はトランプが両親から学んだことであり、トランプが子どもたちに伝えることでもあるのです。

ワンポイント

お金との賢い付き合い方は親に学び、親が子に伝えていくものである。

第6話

建設費を計算することはできるが、収益を正確に予想することはできない

「トランプ自伝」

モノづくりの難しさは「アイデアを生むこと」「製品を開発すること」「製品をヒットさせること」というそれぞれの間にとてつもない労力の差があることです。

もちろんアイデアを生むというのは大変なことですが、そのアイデアを「売れる製品」に仕上げるのはその何十倍も難しいものです。そしてそれ以上に難しいのが苦労してつくり上げた「いいもの」が必ずしも「売れるもの」とイコールではないことです。

どんなに宣伝を駆使しても、大金をかけて市場調査をしても消費者の嗜好《しこう》を読み切ることは難しい。もちろん狙ってヒットになるものもありますが、世の中には最初はあまり期待されず、「なぜ大ヒットしたのか分からない」ものも少なくないところに市場の読みにくさがあります。

トランプと関わりのあったフランシスコ・マクリ（「トランプ自伝」）という人が率いるBAキャピタルがニューヨークのマンハッタンで大規模開発を行うことになりました。アルゼンチンで国の事業としての橋の建設によって大成功した企業ですが、マンハッタンで民間向けの開発を行うビジネスは初めての経験でした。

そのためマクリは何年にもわたって「金をばらまき続けた」あげくに1985年、資金難から用地をトランプに売却する（「トランプ自伝」）ことになってしまいます。マクリの失敗の原因は、国の請負事業として予算と期日さえ守れば確実に利益が出る公共事業のやり方を、民間の開発にそのまま適用してしまったことだったのです。

民間向けの事業は「いくらで売れるか」「どのくらいの期間で売れるか」を完全には読み切れないところにあります。売ることができなければ利益は出ませんし、売り出すまでにコストをかけすぎると売り上げは出ても利益が消えることだってあるのです。トランプは言います。

「建設費を計算することはできるが、収益を正確に予想することはできない。市場の反応が分からないからだ」

さらに経営者が心がけるべきこととして「利口な経営者は、収入が多いのも結構だが、本当に重要なのは収入と経費の差であることを理解している。なぜなら、これが本当の利益になるからだ」ともアドバイスしています。

消費者の嗜好を読み切るのは難しいものです。トランプにはそれができたうえにすぐれたコスト感覚があり、それが成功につながっていました。だからこそトランプは不動産業界で成功することができたし、「不動産王」とも呼ばれることになったのです。

ワンポイント

「利益を生む」ことの難しさを知るからこそ成功できる。

第7話

ゆめゆめ金融の『専門家』が1から10まで教えてくれるなどと期待してはいけないのである。自分で知っていなければならない

「トランプ思考」

最近になり日本でも投資に関して興味を持つ人が増えてきていますが、元々は日本人は勤勉に働いて、せっせと貯金はするものの、「お金に働いてもらう」という発想はあまりありませんでした。「お金に働いてもらう」というのは、たとえば株式投資などをすることで資産を増やしていくことですが、自分が一生懸命に働くだけでなく、稼いだお金に働いてもらうことができれば、これまでよりも速いスピードでお金持ちになることができるという考え方です。

ところが、こうした投資などに関する知識があまりない人は、どうしても銀行や証券会社など金融機関の担当者の言うがままに行動します。もちろんそれでうまくいくこともありますが、投資というのは元本保証がないだけに損失が出ることもあります。そんな時、「専門家の言うとおりにしたのに」と言っても始まりません。トランプは不動産などで成功したお金のプロだけに、こうアドバイスしています。

「物事は見た目ほど頼りになるとは限らない。だからこそ自己責任とフィナンシャル・インテリジェンスが必要になってくる」

トランプによると、金融機関に任せておけば、自分の代わりにうまくやってくれると当てにしたり、ウォール街はプロの集まりなのだからきっとうまくいくと思い込んでは駄目で、少なくとも金融の世界の仕組みや、金融商品については「常識として知っておく」ことが必要で、こうした知識があって初めて自分のお金を働かせることができるし、豊かになることができるというのです。

トランプがビジネスに関してしばしば口にしているのは「成功者には新参者に手ほどきする暇はない」です。投資やビジネスで成功した人というのは忙しく、こうした人に教えてもらえれば、任せればと考えたとしても、そんなことをしている暇も時間もないのが現実です。では、どうすればいいかというと、**必要な知識は自分で学び、金融リテラシーを身に付けることです**。

最初はパソコンやスマホのファイナンスに関するページを読むだけでもいいし、1日に1回でも2回でも株価や円の動きに目を通すだけでいいのです。専門家のユーチューブを見るのもいいでしょう。これらはいずれも初歩的なことばかりですが、「あなたのものの考え方を正しいチャンネルに合わせてくれる。あなたの人生の質に大きな変化をもたらすかもしれない」というのがトランプからのアドバイスです。

ワンポイント

金融に関する知識を身に付け、専門家に頼らず、「お金に働いて」もらって豊かになろう。

第8話

50年にしてくれ
と言わなかったからだ

「トランプ自伝」

「ウィン・ウィン」とか「共存共栄」という言い方があります。提携するとか、取引をするみんなが利益を得られるとか、みんなが勝利をすることを指していますが、トランプはこうしたやり方を否定しています。こう言いきっています。

「両者が得をするウィン・ウィンの取引こそが良い取引であると多くの人は言う。戯言《たわごと》もいいかげんにしてほしい。素晴らしい取引とは、あなたが勝つ取引であり、相手が勝つ取引ではない。あなたは相手をぶっつぶし、自分の利益となるものを持ち帰る必要がある。交渉に臨む際、私は完全勝利を目指す」(「でっかく考えて」)

トランプの人生の中で最初の「完全勝利」と呼べるのは荒れ果てたコモドアの買収(1980年にグランド・ハイアットとして蘇る)です。ペン・セントラルはミッドタウンに4つの古いホテルを持っていました。そのうち3つはまずまずの経営状態でしたが、「コモドア」は長年赤字を垂れ流し、税金600万ドルを滞納していたのです。

駅からも近く人通りも多い好立地にありましたが、周辺一帯は荒廃して、気が滅入《めい》るような光景ばかりでした。建物の正面はひどく汚れ、ロビーも薄汚かったのです。ペン・セントラルにとってもコモドアは金食い虫であり、手放したい建物でしたが、これほど荒廃して多額の負債を抱えるホテルを買う人など誰もいないのが実情でした。

手を挙げたのはトランプ一人でした。たしかに現状は問題だらけでしたが、もしコモドアを変身させることができれば大きな成功を手にできるという確信からですが、それにしても解決すべき問題がたくさんありました。

ペン・セントラルとの買収話では合意したものの、実行には銀行からの融資や、ホテルを経営してくれるパートナー、そして何より「税の軽減」が不可欠でした。税の軽減が受けられなければホテルの経営は立ち行きません。トランプは40年間の財産税の免除の代わりに、ニューヨーク市に対して手数料とホテルの利益の一部を支払うという合意を取り付けることに成功します。

それは破格の条件であり、ホテル経営者や市会議員からの反対も多く、トランプへの非難も多かったのですが、トランプはあくまでも強気な態度を取り続けることで40年間の税の軽減処置を実現させています。「なぜ40年もの軽減処置を受けられたのか?」と聞かれたトランプは「50年にしてくれと言わなかったからだ」と答えます。

交渉する以上はいつだって完全勝利を目指す。周りの声など気にすることなく、そこまで徹底して初めて成功できるし、大金も手に入るのです。

ワンポイント

周りの声など気にしない、交渉はあくまで貪欲に、いつだって完全勝利を目指す。

第9話

世の中で最も良い男と
最も悪い男を
時に応じて
使い分けなければならなかった

「敗者復活」

宝くじが当たったとか、親から財産を貰《もら》ったというような幸運によってお金持ちになれるならさしたる苦労はありませんが、ビジネスを通して大金を手にしようとすれば、いくつもの成功と失敗を経験することになります。その中には成否を分ける厳しい交渉もあれば、苦境に追い込まれた時にいかに突破口を見出すかという難しい交渉もあります。トランプはこうしたたくさんの交渉をものにすることで成功し、大金を手にしています。

交渉というのは相手がいる以上、一筋縄ではいきません。先方が素直にこちらの言うことを受け入れてくれれば苦労はありませんが、現実にはまずそんなことはあり得ません。では、なかなか思い通りにはいかないこうした交渉の場で、どうすれば有利にことを進められるかというと、**トランプは「交渉の達人とはカメレオンのような人だ」**（「金のつくり方」）と話しています。

相手によって、状況によって、さまざまな態度や表情、言い方を使い分けます。こちらがあまりに物欲しげな態度を見せると、相手に付け入られるすきを与えるだけに、時に無関心を装い、時ににこやかに、そして時に大声を出したり、テーブルを叩くことで交渉を有利に進めるというのが「交渉の達人」トランプの流儀です。「良い交渉とは自分が圧倒的に勝利するもの」というのがトランプの考え方です。

しかし、そんなトランプでさえ、１９９０年代初頭の、多額の負債を抱えて倒産や破産の危機に瀕していた時の交渉はさすがに大変だったといいます。それは「一生懸命生き残りを賭けてもがいていた時」であり、果てのないミーティングや会議、電話対応など、「仕事以外は何もすることがなかった」時代です。当時、トランプの交渉はこうでした。

「大声を張り上げて熱弁をふるい、甘言でだまし、常に相手を納得させ、そして世の中で最も良い男と最も悪い男を時に応じて使い分けなければならなかった」

たとえば、返済を迫る銀行との交渉では「貸した側の責任」を追及し、時に「女の話」で意気投合して譲歩させ、好条件を引き出します。叫び、わめき、汚い言葉を使うのも厭いません。しかし、その一方では未来の素晴らしいプロジェクトの話を持ち出すことで相手に希望を持たせ、なだめたりもします。

交渉、特に厄介な交渉にセオリーはありません。外交交渉でもそうですが、時にはインテリのエリートよりも「あばずれ」の方が交渉に相応《ふさわ》しいこともあると言い切っているように、交渉の達人はこうしたいくつもの顔を使い分けるというのがトランプの考え方です。

ワンポイント

交渉に絶対のセオリーはない。時により、相手に応じて顔や態度を使い分ける。

第3章

「自分の売り出し方」を語る

第1話

私は飛ぶ鳥を落とす勢いの起業家風の服装をした

「大富豪トランプのでっかく考えて、でっかく儲けろ」

成功したければ、成功した企業のように振る舞わなければならないというのがアメリカ流の考え方です。１９４０年代、まだ大企業とは言えなかったＩＢＭがニューヨークの５番街に贅沢なショールームを開設した際、創業者のトーマス・ワトソンは「われわれは企業の規模とか評判よりもはるかに大きく企業イメージを膨らませようとしているのだ」と、その理由を述べています。

若き日のスティーブ・ジョブズはヒッピー同然の格好をしていましたが、年長のマイク・マークラにこの話を聞かされ、イベントにはスーツを着た若きエリートの姿で臨んでいます。ドナルド・トランプも同様に考えていました。27歳のトランプはニューヨークの中心街と言えるマンハッタンへの進出を試みますが、当時はクイーンズやブルックリンで成功した不動産業者ではあっても、トランプも父親もマンハッタンでは何の実績も持っていませんでした。トランプ自身、小さなオフィスを構える若く実績のない若者に過ぎませんでしたが、交渉を有利に進めるためには「有力な大企業」であると相手に信じさせることが必要だと考えていました。

トランプは会社の名前を「大企業のような響きがある」トランプ・オーガナイゼーションと命名、わずかな寄付をしただけの政治家との付き合いも宣伝することで、あたかも大きな組織を背負っているかのような行動を心がけます。

服装も重要でした。黒のピンストライプのスーツに白のワイシャツ、頭文字を刺繍したネクタイというい でたちで相手のオフィスに乗り込むことで、若さゆえの「君にできるのか?」という疑念に、「自分に不可能なことなどない」と思わせることに成功しました。当時のことをこう話しています。

「私は飛ぶ鳥を落とす勢いの起業家風の服装をした」

トランプによると、**「服装は、人がものを言う前からその人間を饒舌《じょうぜつ》に物語る」**(『金のつくり方』)以上、実業家ならいかにも実業家らしく、成功者なら成功者らしく振る舞うことが大切なのです。

日本でも「人は見た目が9割」という言い方をされるくらい服装や髪形、立ち居振る舞いは重要な要素となります。もちろん何を着るかはその人の自由なのですが、服装で相手に悪印象を与え、「こいつに任せて大丈夫か?」という疑問を一瞬たりとも持たせてはダメだというのがトランプの考え方です。

ワンポイント

成功したければ、最初から成功者のように振る舞う。

第2話

宣伝に値することをした時には遠慮せずに自己宣伝をしよう

「明日の成功者たちへ」

トランプはアメリカにおいては大統領になる前から超のつく有名人でした。不動産ビジネスにおいてはホテルやカジノ、ゴルフコースなど世界有数のものを次々とつくり上げることで「若き不動産王」と呼ばれ、テレビ番組の『アプレンティス』は14シーズンに渡《わた》って人気を博して、決め台詞の「お前は首だ」は流行語にもなっています。ビジネスにおいては浮き沈みもあったトランプですが、『アプレンティス』のヒットはその知名度をさらに引き上げています。

もっとも、当たり前のことですがトランプも最初から「有名人」であったわけではありません。クイーンズやブルックリンではそれなりに成功していたものの、ニューヨークのど真ん中のマンハッタンに進出したばかりの頃は大物不動産業者から「トランプはいろいろでかいことを言っているようだが、実績はあるのか?」(『トランプ自伝』)と揶揄《やゆ》され、トランプ自身、腹は立っても、「彼は正しかった」と認めざるを得ないレベルでした。トランプは大統領選でもよく言っていたように「何を言うか」以上に、「何をなしたか」を重視するタイプでした。

その後、トランプ・タワーの成功などを経てトランプの名前はまたたく間に知られるようになっていくわけですが、それを可能にしたのはトランプに巧みな宣伝力があったからです。トランプは言います。

「さりげなさや奥ゆかしさは修道女やセラピストには合っているが、事業に携わっている人は、声を大にして、その意義ある成果を世に知らしめることを覚えなければならない。それをする人は自分以外にない」(『金のつくり方』)

世の中には偉大なことを成し遂げたにもかかわらず、決して自分からは言おうとしない控えめな人ももちろんいます。しかし、それはあまりにもったいないし、せっかくのチャンスを逃すことになるというのがトランプの考え方でした。

たとえば、名前の通っていないデベロッパーはプロジェクトの立ち上げに何か月、あるいは何年もかかるのに対し、トランプの場合は「すぐに」立ち上げることができるといいます。名前にはチャンスの扉を開ける力があります。だからこそ、人は「有名人」になるまでは、自分が何者で何をしてきたかをたくさんの人に話した方がいいのです。トランプは言います。

「あなたが自分について良いことを言わなかったら、誰が言ってくれるだろう。だから、宣伝に値することをした時には遠慮せずに自己宣伝しよう」

トランプは「名前の持つ力」をよく知り、フルに活用していました。

ワンポイント

自分がやったことに自信を持って、堂々と自分で自分を宣伝しよう。

第3話

宣伝の最後の仕上げははったりである

「トランプ自伝」

トランプの得意技の一つは宣伝の巧みさにあります。

みんなを「あっ」と言わせるほどの建物を建て、みんなの度肝を抜くかと思えば、自らが「広告塔」となって良い評判も悪い評判も立てられることで「トランプ・ブランド」の価値を高めるのにたけています。

たしかにトランプ・タワーはマンハッタンを代表することになる素晴らしい建物でしたが、その宣伝に際してトランプはすべて真っ正直に宣伝したわけではありません。トランプ・タワーの最終的な設計は黒っぽいミラー・ガラス張りの58階建てで、28面に見える建物です。誰もが憧れる「壮麗で贅をつくしたマンション」というのがトランプの意図でした。

しかし、こうした設計に対して、トランプ・タワーは5番街の歴史的景観を損なうのではないかという反対意見も上がっていました。「建物は石造りにすべき」といった運動をする市会議員もいたほどです。

結果、当初予定していた68階建ては58階建てに落ち着いたものの、トランプは何食わぬ顔で「68階建て」と発表しています。こう主張します。

「誰もわざわざ5番街に立ち止まって、ずっとてっぺんまで何階あるか数えるはずがない」（「トランプ」）

はたしてどこまで本当の話かは分かりませんが、トランプにはたしかに宣伝に対する一つの考え方がありました。こう言っています。

「宣伝の最後の仕上げははったりである。人々の夢をかきたてるのだ」

トランプによるとこれは「真実の誇張」であり、「罪のないホラ」と言い張っています。トランプはアトランティック・シティでのカジノ付きホテルの建設に際しても、パートナーになる予定のホリデイ・インの役員を相手に「はったり」をかましています。

役員たちが建設現場を視察に訪れた時、実は工事はほとんど進んでいませんでしたが、トランプは現場監督に**手に入るだけのブルドーザーとトラックをかき集めて「世界一活発な建築現場にしてほしい」**（『トランプ自伝』）と指示をしています。

実際、当日の現場は壮観でした。動きのほとんどは建設と関係のない意味のないものでしたが、「ここは最高の敷地」と確信したホリデイ・イン側はトランプと正式に提携契約を結ぶことになったのです。「はったり」がトランプを大きく見せ、トランプに大きな利益をもたらすことになったのです。

ワンポイント

自分を大きく見せるためには、時にははったりや演出も欠かせない。

第4話

記事になるのは、ヒーローと悪役、成功と失敗だ

「金のつくり方は億万長者に聞け！」

「炎上商法」という言い方があります。あえて物議を醸《かも》すような発言や行動をして、それに対してネットやマスコミなどが批判的なコメントをたくさん寄せてきます。当然、書かれた側は気分の悪さもあるでしょうが、そうやってたくさんの批判が集まることで注目を集め、ひいては「金になる」という計算づくのやり方です。「悪名は無名に勝る」という言い方もあるように、注目を集めないよりは、たとえ批判や罵声《ばせい》でも注目を集める方がいいという考え方とも言えます。

トランプも似たところがあります。そこに計算があるかどうかは分かりませんが、あえて物議を醸す発言をして注目を集め、トランプの名前をさらに高め、トランプと名前のつく建物や商品の販促につなげてきたのがトランプ流です。

トランプがこうしたマスコミの使い方について学んだのはトランプ・タワーを開発していた時のことです。どんなに素晴らしい商品をつくっても、世間に知られず、注目も集めなければ売れることはありません。大切なのは人々の興味を引き、関心を集めることなのです。今の時代ならSNS戦略を含めてプロに任せる人も少なくありませんが、トランプは自分でその役目を買って出ました。トランプは言います。

「マスコミについて私が学んだのは、彼らはいつも記事に飢えており、センセーショナルな話ほど受けるということだ」（『トランプ自伝』）

トランプが大胆な発言をして、物議を醸すような行動をすると、マスコミはいい意味でも悪い意味でも取り上げてくれます。本来、人はいいことだけを書いてほしいはずですが、トランプはこう割り切っていました。

「ビジネスという見地からすると、マスコミに書かれるということにはマイナス面よりプラス面の方がずっと多い」(『トランプ自伝』)

誰でも悪い評判より良い評判の方を好むものですが、良い評判だけを求めて「何も書かれない」よりは、**悪い評判でもあれこれ書いてもらい、論争の種になることで物件の注目度は増し、売れるようになるというのがトランプの割り切り方でした。**

トランプはいい意味の「マスコミの寵児」ではありませんでした。しかし、「記事になるのはヒーローと悪役、成功と失敗だ」というマスコミの世界では最も記事になりやすい人物であることは間違いありませんでした。このあたりイーロン・マスクもよく似たところがあります。

2024年のアメリカ大統領選挙で見せたトランプとマスクのタッグほどマスコミの、そしてSNSを利用する人たちの耳目を集めたものはありませんでした。

ワンポイント

悪評を恐れるな。最も恐れるべきは誰もあなたのことを知らないことだ。

第5話

私は事実とつくり話を混同したことはない

「金のつくり方は億万長者に聞け！」

トランプの話はいつも壮大なものです。人によっては「はったり」と感じるような話も少なくありません。大統領選挙に出馬した際もライバルたちの経歴について多くの間違いを口にしています。その様子を見ていると、まるで大口をたたくだけたたいて、何もできない実行力のない人を思い起こさせるところもありますが、トランプはそれは間違いだと言いきっています。

こう話しています。

「世間をだますことはできない。少なくともそう長くは無理だ。期待感をあおり、大々的に宣伝してマスコミにとりあげられ、ひと騒ぎすることはできる。しかし、実際にそれだけのものを実行しなければ、やがてはそっぽを向かれてしまう」（「トランプ自伝」）

不動産業界にも大仰《おおぎょう》な話を好む人たちがたくさんいます。トランプ・タワーの成功を見て、同様の真似をしようとするデベロッパーはたくさん現れましたが、いざ建築家に設計を依頼すると莫大な費用がかかることを知り、急にやる気をなくして、建設をあきらめてしまったといいます。

ここにトランプと彼らの違いがありました。トランプも「大きなこと」を好んで口にしますが、言ったことは実現するのがトランプでした。こう話しています。

「私は事実とつくり話を混同したことはない。私のことを自慢屋だと書く人がいるが、それは見方が間違っている。私は自分の言うことに確信を持っているし、言ったことはきちんと守っている」

たとえば、トランプ・タワーに関してある人が「メンテナンスの回数を減らせばもっと利益が出るのに」と言ったのに対し、**トランプは「約束通り、期待通りのものを提供してこそ信頼は得られる」と「ノー」と答えています**。

「言うこと」と「実行する」ことの間には大きな違いがあります。人は誰でも考えることはできるし、言うこともできますが、言ったことを確実に最後まで実行できる人は案外限られているものです。トランプの強みは、「言ったこと」をただの「はったり」に終わらせることなく、「実現する」ところにあります。**トランプがもし「言うだけの人」だったらこれほどに長い間、トランプが支持されることはありません**。たしかに荒唐無稽《こうとうむけい》なことを言うし、「そんなのできっこないだろう」ということも平気で口にしますが、「もしかしたらやってくれるのでは」という期待を持てるからこそ、トランプは長期間にわたって多くの人の支持を得ることができるのです。

ワンポイント

大きなことを言うのは構わない。ただし、言った以上は実行する。

第6話

私はトランプ・タワーを
強引に宣伝したが、
これは宣伝に値する
最高の商品だったのだ

「トランプ自伝」

トランプが「トランプ」という名前をブランド化できたのは巧みな宣伝によるところが大きかったと言えます。当初は別の名前も考えていましたが、「トランプ」という名前を付けることによって「私という人間を象徴する建物にしなければならない」と決意、最高の建物をつくらなければと考えるようになります。

不動産ビジネスにおいて立地の持つ意味は大きいものがあります。単に立地がいいとか、会社が有名というだけでは「大人気物件」は誕生しません。トランプ・タワーはたしかにニューヨークの56番通りと5番街に位置して、ティファニーに隣接するという最高の立地でしたが、当時のトランプはマンハッタンの新参者に過ぎませんでした。

そのためトランプは自らの名前を冠したトランプ・タワーを超高級な建物として宣伝することで、「金持ちが住むに相応しいアパートはここしかない。トランプ・タワーこそニューヨークのマンハッタンで一番ホットな場所だ」（『トランプ自伝』）というイメージづくりを行っています。

それが功を奏し、人気物件となるわけですが、なぜそれほどに宣伝に力を入れたのでしょうか？　トランプによると、「どんなに素晴らしい商品をつくっても、世間に知られなければ価値はないに等しい」（『トランプ自伝』）という理由からでした。

鍵は「素晴らしい商品」にありました。トランプは言います。

「私はトランプ・タワーを強引に宣伝したが、これは宣伝する価値のある最高の商品だったのだ」

スティーブ・ジョブズは世界一のプレゼンターとして知られていましたが、ジョブズの基本は「最高の商品だから最高のプレゼンを」でした。どんなにお金をかけて宣伝を駆使しようが、どんな達人がプレゼンをしようが、その商品のできが悪ければ、大ヒットさせるのは難しいものです。**宣伝が最高の力を発揮するのは、そこに誰もが認める最高の製品があってこそなのです。**

トランプも宣伝に長けた、マーケティングの達人ですが、いくらトランプであっても、そこに「すぐれた商品」がなければヒットさせることもできなければ、マーケティングの達人と呼ばれることもないのです。

トランプの基本は「最高の商品」づくりにあります。そして「最高の商品」には「最高の宣伝」をするというのがトランプの考え方です。

ワンポイント

最高の商品をつくる。最高の宣伝は最高の商品があってこそ効果を発揮する。

第7話

政治家は
政治的な経験はあるだろうが、
常識と一般社会での経験が
欠如している

「THE TRUMP」

２０１６年の共和党の大統領候補者を決める選挙戦で、当初は「泡沫候補《うたかた》」と見られていたトランプがいつの間にか大統領候補になってしまったのはなぜなのでしょうか。当時、その理由を「Newsweek」がこう分析していました。

「今回の大統領候補指名レースでは、華麗な政治的キャリアが弱点に変わった」

共和党の候補者の顔ぶれはトランプ以外は上院議員や知事といった政治経験者ばかりで「大統領候補にふさわしい資質の持ち主がずらりと並んでいた」といいますが、残念なことに多くの共和党支持者はこうした「プロの政治家」にほとんど関心がありませんでした。

有権者の多くは、ワシントンの政界と、選挙運動で繰り返されるお決まりの公約に怒り、しばしば機能不全に陥る議会の支持率は史上最低レベルの16％に過ぎず、もはや「プロの政治家には飽き飽きしていた」ところに登場したのが政治経験を持たない著名な実業家トランプでした。

こうしたプロの政治家への嫌悪感をトランプは巧みについていきます。

「政治家が自分が投票した貿易法案や予算配分について語っているのを聞くと、私は失笑を禁じ得ない。彼らは政治的な経験はあるだろうが、常識と一般社会での経験が欠如している」

プロの政治家が知るのは「政治の世界の常識や手法」であり、そんなものは不動産ビジネスという厳しい世界を生き抜いてきたトランプから見るとただの「お笑い草」に過ぎませんでした。

外交経験がないという批判に対し、**トランプには「どうやって交渉をまとめればよいか」の豊富な経験がありました。世界を舞台にした難しいプロジェクトの進め方も知っていれば、コスト削減のやり方も熟知しています。**

だからこそトランプは知事たちを「複雑な問題にはなから首を振り、不可能だと決めてかかる人」と呼び、上院議員を「図を見せて説明し、他人の金を湯水の如く使う輩」とまで攻撃します。さらにトランプは自分が長く不動産ビジネスに携わり、たくさんの建設労働者を使ってきた経験を前面に押し立てて、「昼間に労働で汗を流した人々は、夜、生活のことで冷や汗を流すべきではない」と労働者への理解を強調します。

いずれもが政治の世界しか知らないプロの政治家にはないものばかりでした。日本でも政治家の常識と一般社会の常識がかけ離れていることがよくあり、それが政治不信にもつながっていますが、こうした**プロの政治家への不信感こそがトランプを大統領候補に、そして大統領に押し上げることになったのです。**

ワンポイント

相手にはない、自分の強みを前面に押し立てる。

第8話

聖書の次に来るとしたら『アート・オブ・ザ・ディール』だろう

「THE TRUMP」

トランプは自らを「敬虔《けいけん》なクリスチャン」であると明言しています。子どもの頃から毎週日曜日、教会に通い、聖書のクラスにも出席しています。ニューヨークではマーブル協同教会のノーマン・ビンセント・ピール師から大きな影響を受けたと話しています。

それは今も変わることなく、「教会に行き、神を愛し、神と共にあることを愛している」という。そして「冗談だ」と断りながらこんなことも言っています。

「聖書は今まで書かれた書物の中で最も重要なものだ。他の本は足元にも及ばない。その次に来るとしたら『アート・オブ・ザ・ディール』（邦題『トランプ自伝』）だろう」

宗教心の強さをアピールしながら、さらりと自分の著書を自慢するというのがトランプ流です。実際、「聖書の次」かどうかはともかく、トランプはたくさんの本を書き、そしてその多くはベストセラーになっています。

その最初の成功が『アート・オブ・ザ・ディール』です。

この本はたしかにベストセラーになり、４００万冊以上を売り上げ（「THE TRUMP」）、最も成功したビジネス書の一つとなっています。以降、共著も含めて30冊近い本を出していますが、いずれもよく売れています。その意味ではトランプは成功した実業家であり、成功した作家でもあると言えます。

作家はともかく、政治家としては宗教へのこだわりが強すぎるとかく問題が起きやすいものです。カトリック教徒だったジョン・F・ケネディは大統領になった際、「自分はすべての米国人の大統領だ」と宣言することで、さまざまな宗教が存在する米国を率いる覚悟を示しましたが、トランプの場合は「反イスラム」的な言動も多く、また「性別は2つだけ」という言い方をしているように時代の流れに逆行するかのような発言もしており、これらを巡る宗教的対立の大きさからより一層の分断が進むのではないかと危ぶむ声があるのもたしかです。

もっとも、大統領としての1期目には北朝鮮の金正恩と直接会って対話をしたり、イスラム国の問題を解決したりと、「40年間でアメリカを戦争に導かなかった唯一の大統領」として、アメリカ経済の再生や雇用の創出に奮闘したのもたしかです。そのあたりは過激な発言を繰り返す一方で、世界を舞台にビジネスを展開してきたすぐれたビジネスパーソンとしての感覚が生かされていたのかもしれません。強い信仰心の一方にある、優れたビジネス感覚。この2つがトランプ最大のセールスポイントと言えます。

ワンポイント

どんな時にも自分をアピールすることを忘れない。

第9話

私は攻撃されることなど
屁とも思わない。
メディアが私を利用するのと
同じやり方で、
私もメディアを利用する

「THE TRUMP」

自分を売り出すとか、アピールするというと、たいていの人は自分の良い面を前面に押し出そうとするものです。できるだけ悪い評判が立たないように、悪いイメージにならないように、イメージの悪化につながるような報道は抑え、良いニュースだけを流して欲しいのが人情ですが、こうした考え方と真逆にいるのがトランプです。

トランプは「不動産王」と呼ばれた時代から長年、マスコミの寵児であり続けています。ただし、その多くは良い評価というよりは悪い評価という珍しいタイプの寵児です。それは人気テレビ番組『アプレンティス』に出ていた頃も同様で、良い情報と悪い情報が混在する不思議な人気者でした。当然、大統領選挙のさ中でも敵意むき出しで論争を挑むジャーナリストや候補者たちが多く見られましたが、それほどの攻撃を浴びながらもトランプは決して動じることはありませんでしたし、支持率も上がり続けたところにトランプの不思議さがあります。

トランプには「何も報道されないよりは悪評の方がまし」という独特のメディア観がありま す。今日のネット時代にはこうした「悪名は無名に勝る」という考え方をする炎上型のユーチューバーも増えていますが、まだインターネットが普及していなかった１９８０年代にトランプは早くもこうした考え方をしていました。

トランプも人間ですから、悪い評判よりは良い評判が好ましいと分かってはいますが、ビジネスという観点からは「何も言われないより悪く言われた方がまし」とも割り切っています。炎上商法ではありませんが、「論争の種になると売れる」というのがトランプの考え方でした。

それは選挙戦でも同様でした。トランプによると、ニューヨークタイムズに全面広告を載せると最低十万ドルはかかるのに対し、トランプが行った取引や発言についてメディアが書きたてるのは一セントのお金もかからず、はるかに大きな広告効果を発揮することになります。トランプはこう言いきっています。

「私は攻撃されることなど屁《へ》とも思わない。メディアが私を利用するのと同じやり方で、私もメディアを利用する」

トランプの発言は過激で物議を醸すことがしばしばです。それをメディアが書きたてれば書き立てるほどトランプへの注目は集まり、支持率も上昇するのです。メディアにとってトランプとの付き合い方はなかなかに困難です。

ワンポイント

悪く書かれることを恐れず、メディアはとことん利用する。

第4章

「逆境に負けない生き方」を語る

第1話

初めに彼らは無視し、
次に嘲笑い、
それから戦いを仕掛け、
そして私たちが勝利する

「Nesweek」2016.3.29

この言葉はインド独立の父と言われるマハトマ・ガンジーの言葉です。ガンジーの原点は弁護士として赴任した南アフリカ時代、歩道を歩いていて警官にとがめられたことにあります。当時、南アフリカでは、インド人は歩道を歩くな、外国人登録証を携帯せよ、といった数々の差別を受けており、その理不尽な差別に怒りを覚えたガンジーは警官の目の前で外国人登録証に火をつけています。

やがて権利回復運動を開始、いくつかの約束をとりつけたガンジーは祖国であるインドに戻って独立運動を率い始め、有名な「塩の行進」をスタートさせています。徹底した非暴力、不服従を貫くことでインドの独立を実現していますが、その運動はこの言葉通りに「無視、嘲笑、戦い、勝利」というものでした。

トランプにとって初めての挑戦となった共和党のアメリカ大統領選候補者を決める選挙戦の山場「スーパーチューズデー」の前日、トランプは大勢の支持者の前で演説する自分の写真をインスタグラムに掲載した際、ガンジーのこの言葉を添えています。トランプとガンジーのどこに接点があるかはともかく、たしかにトランプの選挙戦はガンジーの言葉通りのものでした。

選挙戦に立候補したトランプは最初は単なる「売名行為」であり、しょせんはすぐに消え去る「泡沫候補」と見られていました。名乗りを上げた共和党候補者は17名でしたが、知事や議員といった政治経験がないのはトランプ1人でしたから、そう見られても仕方のないことでした。ビジネスやテレビの著名人ではあっても、政治の世界に無縁のトランプをマスコミも多くの人々も「無視」していました。そしてトランプの公約を聞いて、人々はバカげたことだと「嘲笑」しました。

ところが、一向に衰えない人気とトランプの本気ぶりに驚いた候補者たちはトランプに一斉に「戦い」を挑んだものの、最終的にトランプは「勝利」をおさめることになったのです。共和党の候補者となったトランプは圧倒的に有利と見られていた民主党の候補者ヒラリー・クリントンを破り、第45代大統領の座を手にします。もしこうした勝利を見越してガンジーの言葉を添えたとすれば、トランプ恐るべしと言えます。

みんなが最初は笑うくらいのものでなければ本物のイノベーションは生まれないといいますが、トランプの「無視、嘲笑、戦い、勝利」という戦いぶりはアメリカの政治の世界に間違いなくイノベーションを起こすことになったのです。

ワンポイント

人から笑われることを恐れるな。それこそが本物のイノベーションとなる。

第2話

負けを認めれば負ける。
状況の悪さは認めても、
最後までやり抜く決意があれば、
勝つチャンスが生まれる

「大富豪トランプのでっかく考えて、でっかく儲けろ」

もはや負けを認めるしかないという難局に追い込まれた時、どんな態度で臨むかはその人の生き方をとてもよく教えてくれます。

ドナルド・トランプは１９８０年代に若くしてニューヨークのマンハッタンに「トランプ・タワー」などの有名な建物をつくり上げた「若き不動産王」として名を馳せますが、90年代には不動産不況で大変な苦境に陥っています。

不動産ブームの終焉《しゅうえん》によって多額の借金を抱えることになったドナルド・トランプはある日、銀行関係者２０００人が集まる銀行家集会の予定があることを秘書に教えられます。トランプが欠かさず出席してきた晩餐会《ばんさんかい》ですが、さすがのトランプも気乗り薄でした。一旦、自宅に帰ったものの、「やはり行くことにしよう」と思い返して会場に向かったトランプですが、運悪く隣の席に座っていたのはトランプが1億４９００万ドルを借りている銀行の行員でした。当然、行員の視線は刺すような厳しさでした。

その銀行員はこれまで37社の不動産会社を破産させ、次はトランプをターゲットと見なしていたのです。それでもトランプはあきらめることなく銀行員に話しかけ続けたところ、彼が無類の女好きであること、破産させたことでかえって銀行の損失を増やしてしまったことが分かったのです。

話をするうちに打ち解けた銀行員はトランプにこう提案しました。

「うちの事務所に来てくれないか？　返済の方法を話し合おう」

銀行を訪れ、話し合ったトランプと銀行員は5分後には「素晴らしい返済計画」をまとめ、トランプは破滅をまぬがれ、銀行員はさらなる上層部の怒りを鎮めることに成功しました。**すべてはトランプの嫌なことや厄介なことから逃げない、決してあきらめない姿勢の賜物《たまもの》でした。**

トランプは言います。

「難局への立ち向かい方を見れば、その人間について多くのことが分かる。大切なのは何を難題と定義し、何を挫折と定義するかだ。負けを認めれば負ける。状況の悪さは認めても、最後までやり抜く決意があれば勝つチャンスが生まれる」

周りがダメだと言っても簡単には負けを認めないこと、決して逃げないこと、それが幾度もの危機からトランプを立ち直らせることになったのです。

ワンポイント

どんな苦境に追い込まれても逃げるな、立ち向かえ。

第3話

僕は折れるよりは戦う。一度でも折れると、たちまち弱気という評判がたつからだ

「トランプ自伝」

「長いものには巻かれろ」という言い方があります。行政とか大企業、上司といった強い者を相手に戦ったとしても勝ち目はないので、負けて不利な扱いを受けたり、恨まれるくらいなら素直に従った方が利口だということでしょう。世間ではこれを「大人になれ」ということもあります。

こうした考え方に「ノー」を突きつけたのが若き日のトランプです。トランプと父フレッドが経営する団地の部屋などを黒人に貸すのを拒否したという公民権法違反で政府から訴えられた時のことです。

トランプとフレッドはウォール街の著名な弁護士に相談しますが、返ってきたのは「妥協するように」というアドバイスばかりでした。たとえ裁判を受けて立って、勝ったとしても行政に歯向かうという悪い評判が立つのを恐れ、早々に妥協するのが利口なやり方だというのが著名な弁護士の利口で世渡り上手な考え方でした。

トランプはこうした考え方に我慢がなりませんでした。トランプたちの望む入居者は収入が家賃の4倍以上あり、清潔で、隣人と問題を起こさない人でした。この条件に反する人や生活保護を受給している人には白人も黒人も関係なしに入居を断っていたのです。

つまり、政府の主張は白人だけでなく黒人にも家を貸しているトランプから見れば完全な言いがかりでした。たしかに入居者を選んではいたものの、その基準は黒人か白人かではなく、収入や問題を起こさない人かどうかだったのです。「どうするべきか」と悩んでいたトランプはある日、ル・クラブという社交の場で知り合った若い弁護士ロイ・コーン（映画『アプレンティス』の主役の1人）に自分の考えを打ち明けました。

「僕は折れるよりは戦う。一度でも折れると、たちまち弱気という評判が立つからだ」

トランプは同じ考えを持つコーンの助けを借りて裁判に臨みます。コーンによると、トランプたちが実際に黒人に家を貸している以上、「差別をしている」ことを政府が立証するのは難しいというのです。結果、政府は差別を立証することができず、トランプたちが「あらゆる人に家を貸す」という広告を一定期間地方紙に載せることで決着がついたのです。以来、ロイ・コーンはトランプにとって心強い味方になってくれます。

相手が政府であってもただの言いがかりには決して妥協しない。誰かが「なめた真似」をしてきたらただではおかない。何もせず長いものに巻かれたら、単なる臆病者とみなされる。安易に折れるのではなく戦う時には戦うことを選ぶ。それがトランプの流儀です。

ワンポイント

強い相手でも安易に妥協するな、戦うべき時には断固として戦う。

第4話

景気がいい時の売れ行きに気を良くしてはいけない。市場は常に変化している

「トランプ自伝」

不動産というのは日本でもそうですが、好況と不況が何年か周期でやってくるものです。１９８０年代の日本はまさにバブル景気真っただ中で、土地の価格は右肩上がり、土地を持つ者、土地を売る者が勝者の時代でした。ところが、土地の価格のあまりの上昇を抑えるべく政府による総量規制や日銀による金融引締めなどが行われたことで、価格は下落し、多くの不動産会社が倒産し、バブルに乗って土地を大量に抱えていた企業の中にはそれが不良資産となり本業の足を引っ張ることになったのです。「不動産」ならぬ「負動産」とさえ呼ばれた時代です。

これはとても極端な動きでしたが、たしかに不動産業界には山と谷があります。そのため不動産業者の中には好況の時に「ぼろ儲け」して、不況の時には好況時に稼いだお金でじっと耐え忍ぶという人もいるほどです。それはアメリカにおいても同様で、若き日のトランプのマンハッタンでの成功はニューヨーク市が財政的に極めて厳しい時期にあり、不動産ビジネスについても「ニューヨークに明日はない」と思われていた不況期に大胆に打って出たことでもたらされています。

言わば多くの人がしり込みする時代、トランプはマンハッタンの可能性に賭けて不動産業界の不況を利用して土地を仕入れ、好況を利用して多額の利益を手にしたと言えますが、そんなトランプが１９９０年代に躓《つまず》いたのはそれまでの好況と成功が長すぎたからでもありました。

トランプは言います。

「マンハッタンの不動産は16年間の好況を続けた。私は右肩上がりの状況しか見てこなかった。だから、右肩上がりがずっと続くと思い込んでいた」

マンハッタンに進出する前、トランプは「景気がいい時の売れ行きに気を良くしてはいけない。市場は常に変化している」と話しているように市場は変化することをよく理解していました。

市場が変化することを理解していたからこそ、誰もがダメだということを実行することができたわけですが、それでも右肩上がりの成長が続くと、つい「やがて来る低迷期」を忘れてしまうものなのです。ビジネスの世界に「好況を乗り切る」という言い方があります。好況の時、業績が良い時はつい「いけいけドンドン」となり、やがて来る不況への備えを怠りがちですが、それではダメで好況にあっても、好況で余力があるからこそ不況への備えを怠らないことで初めて好況も不況も乗り切ることができるというのです。トランプは最悪の時期を全力で乗り切ることに成功しますが、市場は生き物であり、変化し続けることはトランプにとってあらためて忘れてはならない教訓となったのです。

ワンポイント

市場は常に変化している。景気が良いからといって決して油断しない。

第5話

特に苦労が多い日に私はよく、これは競技なんだ、くじけずに走りぬかなければと考える

「明日の成功者たちへ」

トランプは紛れもない「成功者」です。学生時代から父親が経営する不動産会社で数々の経験を積み、20代半ばにはニューヨークの中心であるマンハッタンに進出しています。そしてトランプ・タワーなどの成功によって30代で不動産王としての地位を確立します。さらに２００４年からはテレビのリアリティ番組『アプレンティス』に出演、「お前は首だ」という決め台詞と共にその名を全米中に知らしめることになります。

さらに２０１６年には共和党から大統領選に出馬し、ヒラリー・クリントンを破って第45代アメリカ大統領に上り詰めたわけですから、これ以上は望めないほどの成功を手にしています。しかし、そんなトランプも１９９０年代には「トランプは終わった」と言われ続けるほどの苦難の時代も経験していますし、２０２０年の大統領選挙ではジョー・バイデンに敗れて再選の夢を断たれてもいます。

そして２０２４年には再び大統領選挙に勝利するわけですから。まさにその人生は成功と挫折、そして復活というアメリカ人が好むストーリーと言えます。

とはいえ、若くして成功した人にとって大きな挫折は致命傷となりやすいものです。トランプはどうやってこの挫折を乗り越えることができたのでしょうか。

「問題、挫折、ミス、損失、これらはすべて人生の一部である」とトランプが話しているように、ことの大小はあるにせよ、問題やミスはいつだって起こりうるものです。物事はいつも計画通りに進むとは限りません。むしろ思い通りにはならないのが人生やビジネスです。しかし、そんな時もトランプはいちいち落ち込むのではなく、受け入れ、しっかりと対応することを心がけています。トランプは破産の危機に陥った時でさえ、「克服可能な挫折」と定義することで同業者たちのように決してあきらめたり、投げ出すことはありませんでした。こう考えていました。

「一日は平等にやってくる。うまくいかないときはそう考えよう。新たな一日が新たなチャンスをもたらすこともある」(『金のつくり方』)

もっとも、いくら気持ちを切り替えたとしても、事態が一気に好転するということは滅多にありません。トランプは自分に「特に苦労が多い日に私はよく、これは競技なんだ、くじけずに走りぬかなければと考える」と言い聞かせることで前へ進みます。どんなことでも一日一日とやっていくほかはありません。一日一日をあきらめることなく走り続けた者だけが最終的に勝利を手にすることができるのです。

ワンポイント

上手くいかない時、失敗した時も決してあきらめることなく走り続けよう。

第6話

私の主な役割は、関係者全員が悲観的になっても、自分だけはポジティブでい続けることである

「大富豪トランプのでっかく考えて、でっかく儲けろ」

「墓場で口笛を吹く」という言い方があります。何とも不謹慎な気もしますが、要は業績が悪化してみんなが沈滞ムード、敗戦ムードに陥っている時でも、リーダーは前を向いて明るく元気にやっていこう、ということです。実際、ある企業の経営者は危機にあっても役員たちに「1日1回は大きな声で笑おうよ」と言い続け、実践することで見事に危機を乗り越えています。このようにリーダーの大切な役目の1つはどんな厳しい状況にあっても自分の考えを信じ、周りを明るく元気にしていくことなのです。

トランプがペン・セントラルから赤字のホテル「コモドア」の買収を考えた時、ニューヨーク市は沈滞ムードにつつまれていました。市の財政は破産の危機に瀕し、毎日、新聞の見出しには倒産と財政破たんの文字ばかりが躍っていました。自動車のビッグ・スリーの一つ、クライスラーの本社だったクライスラー・ビルでさえ管財人の手に委ねられ、今となっては信じられないかもしれませんがニューヨーク市そのものが今後生き残ることができるのかという懐疑的な見方さえされていたのです。これほど悲惨な状況なら、企業も市当局も銀行もネガティブになるのは当然のことでした。

ところが、なぜかトランプだけはポジティブでした。コモドアもコモドアの周辺もたしかに荒れ果てていましたが、グランド・セントラル駅や地下鉄の駅からは何千もの通勤者が通勤してくるし、もしコモドアの再建が成功すれば新たな雇用が生み出され、環境の悪化も食い止めることができます。財政危機に瀕したニューヨーク市にとっても、コモドアの多額の税金滞納といった財政上の損失を防ぐことができるのです。

つまり、トランプが進めようとしている計画は「いいことだらけ」であり、沈んでいるニューヨーク市に活力を取り戻すきっかけにさえなる、とトランプは考えていたのです。トランプはこうしたポジティブな考えを自分の中だけに留めるのではなく、ニューヨーク中の人々、銀行家、市職員、建築技師、請負業者に説いて回ることでプロジェクトを前に進めようとしました。

トランプは言います。

「取引における私の主な役割は、関係者全員が悲観的になっても、自分だけはポジティブでい続けることである」

熱意は人から人に伝わるものです。トランプのポジティブな考え方が結果的にグランド・ハイアットを実現し、その後、トランプ・タワーなどを生み出し、ニューヨークに活気を取り戻すために一役買うこととなったのです。

ワンポイント

リーダーの役目は危機の時、目指す方向を示し、みんなを元気にすることである。

第7話

どれほど打ちのめされたと思っても、
チャンスはまだある。
だが、待っていても
チャンスはやってこない。
さあ仕事だ

「金のつくり方は億万長者に聞け!」

トランプはこれまでいくつもの難局を切り抜けてきていますが、なかでも１９９０年代には地価の暴落などもあり、１００億ドル近い借金を抱えて破産の危機に瀕しています。トランプによると、この時期、同業者の多くは破産の憂き目にあって業界を去っていますが、トランプ一人は夜もぐっすり眠れたし、何とか支払い能力を保つことができたといいます。なぜそんなことが可能だったのでしょうか。

当時、トランプは多額の借金は抱えていましたが、それは「銀行の問題であり、自分の問題ではない」（「でっかく考えて」）という屁理屈をこね、自分は「好きなことに集中する」（「でっかく考えて」）ことにしたのです。

トランプは銀行に対して「もし争いを望むなら、私の得意な裁判訴訟やその他の法的な手段を使って、皆さんを何年間でもその問題に釘付けにすることができます」（「敗者復活」）と脅しをかけます。

トランプにとっては大きな賭けでしたが、金融機関は厄介な問題に時間とお金をかけるよりも、トランプの提案を飲む方が簡単だと考え、両者の意見は一致することになったのです。

金融機関とはこうした交渉を行う一方で、本業の不動産開発の仕事には全力で取り組みます。社員に対して将来のプロジェクトの青写真を説明し、どれほど素晴らしいビルになるかを描いてみせました。社員の中には追い詰められてトランプの頭がおかしくなったのではと不安を覚えた者もいるといいますが、希望を持てる新しいプロジェクトへの集中が良い結果につながります。

トランプによると、少しずつ流れは上向き始め、多額の借金自体は背負っていたものの肝心のプロジェクトも進むようになり、やがて会社は以前より繁栄するようになったといいます。

トランプは言います。

「どれほど打ちのめされたと思っても、チャンスはまだある。だが、待っていてもチャンスはやってこない。さあ仕事だ」

苦境にあって、打ちひしがれ、膝を抱えて「チャンスさえあれば」と願ったところでチャンスがやってくることはありません。それよりも**自分が得意とする仕事に目を向けます**。それだけで難題が消えるわけではありませんが、明るい未来に向かって歩き出すことでチャンスは間違いなくつかみやすくなるのです。

ワンポイント

ただ待っているだけではチャンスはやってこない。自ら動いてつかみとる。

第8話

失敗を終焉とみなしてはいけない

「大富豪トランプのでっかく考えて、でっかく儲けろ」

失敗は誰にでもあるものです。失敗は辛いし苦いものですが、失敗にとらわれ過ぎると前に進めなくなり、成功のチャンスを逃すことになるというのも事実です。ホンダの創業者・本田宗一郎は「失敗したからといって、くよくよしている暇はない。間髪を入れず、原因究明の反省をして、次の瞬間にはもう一歩踏み出さなければならないのである」と話していましたが、それができたからこそ町工場に過ぎなかったホンダを世界企業に育てることができたとも言えます。

別項でも触れたように1990年代、トランプは不動産不況の荒波をまともにかぶって90億ドルを超える負債を抱えることになりました。同業者たちは次々と破産に追い込まれ、不動産業界を去っていきます。さすがのトランプもプレッシャーに負け、現実から逃げたくなったこともありましたが、多額の負債と向き合うのも「これは仕事なのだ」と自分に言い聞かせ、厳しい目を向ける銀行家たちと付き合い続けた結果、事態は少しずつ好転し、数年後にはかつての絶頂期を上回るほどの成果を上げることができるようになったのです。トランプは言います。

「失敗を終焉とみなしてはいけない。失敗したら、素早く教訓を学び、再び前進する必要がある。失敗をくよくよ考えてはいけない」

失敗から教訓を学ぶことは大切なことです。前向きな自己批判も必要なことです。しかし、やってはいけないのは「過度な自己批判」です。自己批判が行き過ぎて、自分を責めすぎると、「俺は絶対に成功できない。俺は負け犬だ。もうあきらめた方がいい」という自己卑下につながり、自らの人生すら否定することになってしまいます。

トランプはそんな同業者をたくさん見てきました。失敗から教訓は学ぶものの、「終焉」とみなすことはありません。失敗や挫折は完全な敗北ではなく、「敗北は心の問題だ」（「でっかく考えて」）というのがトランプの考え方です。

トランプの盟友イーロン・マスクはスペースXのロケット打ち上げでは手痛い失敗を何度も経験していますが、その際、社員に言い続けたのは「問題があったのは事実だが、原因をきちんと究明すれば乗り越えられる。立ち止まる必要はない。前に進もう」という言葉でした。

挑戦には失敗がつきものであり、失敗のない人生から偉大なものが生まれることはありません。失敗は辛いけれども、前に進もうという気持ちさえ持ち続けることができれば、失敗は次なる成功のチャンスでもあるのです。

ワンポイント

失敗したからと歩みを止める必要はない。原因を究明したら前へ進もう。

第 9 話

他人の成功を邪魔することに
達成感を感じる連中が
世間にはいる。
こうした人々を私は敗者と呼ぶ

「トランプ自伝」

大リーグのロサンゼルス・ドジャースで大活躍する大谷翔平選手は今や世界を代表するアスリートですが、２０２４年のシーズン開幕直後には通訳の水原一平によって巨額のお金を搾取されたばかりか、野球賭博に関係するのではという疑惑をかけられ、危うく選手生命を奪われかねないほどのスキャンダルに見舞われました。幸い大谷選手の潔白は証明され、リーグMVP、そして念願のワールドシリーズ優勝を手にしますが、成功者にはしばしばこうした落とし穴が待ち受けているものです。

成功した人に近づいてくるのは「いい人」ばかりとは限りません。その成功のおこぼれに預かろうとする人もいれば、成功者からごっそり利益を奪おうとする人もいます。あるいは、成功さえも台なしにしようとたくらんでいる人もいるかもしれません。

トランプは元世界チャンピオンのマイク・タイソンなどスポーツ選手からよく相談を受けたといいます。その経験から感じるのは、「彼らは若いうちに大金を稼ぎ出すものの、引退する頃には財産のほとんどを失っている」ことです。

なぜそんなことになるのでしょうか。成功して、大金を手にした彼らの元にはマネジャーや会計士、弁護士、代理人、金融アドバイザーなどが近寄ってきて、寄ってたかって搾取する機会をうかがっています。トランプによると、スポーツ選手から金を巻き上げるのは「赤ん坊からキャンディを取り上げるくらいに簡単」だといいます。

なめた真似をされたり、金を奪い取られたら黙っていてはいけない。なぜなら「ばれても追及されないなら、盗まなければ損だ」と考える連中がうようよいるからです。成功者には嫉妬やねたみ、足をすくおうと狙う人間が付き物です。成功者からは盗もうとするし、破滅させようとチャンスをうかがう奴もいるのが世の中です。トランプはこうした人々をこう呼んでいました。

「他人の成功を邪魔することに達成感を感じる連中が世間にはいる。こうした人々を私は敗者と呼ぶ。本当に能力があるのなら、私と戦ったりせず、もっと建設的なことをしているだろう」

大切なのは「敗者」に決して足元をすくわれないことです。トランプは言います。

「あなたは彼らに立ち向かい、がむしゃらに反撃する必要がある。誰もあなたを助けてはくれないし、誰もあなたを導いてはくれない。頼れるのは自分だけだ」(「でっかく考えて」)。失敗に負けず、成功者であり続けるためにはこれほどの強さが必要なのです。

ワンポイント

成功者を「獲物」と考える人間に気を付ける。頼れるのは自分だけと覚悟する。

第 5 章

「人を動かし人を魅了する方法」を語る

第1話

手に入れるのが難しいものほど、
人は欲しがるのだ

「トランプ自伝」

人間の一つの特性として、日常的に売っていて、いつでも手に入るものよりも、「季節限定」や「個数限定」といった「限定もの」に弱い傾向があります。

食品などでも「季節限定」となると、つい「今を逃したらもう二度と買えない」と必要かどうか以上に「手に入れたい」が先に立ちます。「個数限定」も同様です。数に限りがあるとなるとつい欲しくなりますが、いつでもあるとなれば、「また今度」となってしまうのが人間の性《さが》です。

修学旅行などでも学生たちは見慣れたお菓子に「地域限定」がついていると、勇んで買おうとするものです。トランプはトランプ・タワーの販売にあたって、たっぷりの宣伝を行っていますが、決して売り急ぐことはしませんでした。

トランプ・タワーは当時大人気だったチャールズ皇太子とダイアナ妃が購入を考えているといった噂が流れるほど大人気となります。十分な需要があると自信を持ったトランプは話を聞きに来たお客に飛びつくように契約を勧めるのではなく、売り惜しみするような態度で臨んだといいます。

お客が来ると、モデルルームを見せ、座って話をして、相手が買う気になったら、実は購入希望者がたくさんいて、ウェイティング・リストで待ってもらわなければならないと説明します。

こうした姿勢に嫌気がさして買うのをやめる人はいないのでしょうか？
「せっかく見に来たのになんだその態度は」と怒り出す人はいないのでしょうか？
答えは「ノー」です。トランプは言います。

「手に入れるのが難しいものほど、人は欲しがるのだ」

トランプによると、取引にあたって最も気を付けなければならないのは、「何が何でもこれを成功させたいという素振りを見せる」（『トランプ自伝』）ことだといいます。売るにせよ、買うにせよ、こちらが必死になればなるほど、相手に有利に事が運ぶことになります。「契約できなかったら困るんでしょ」と足元を見られたら、相手のペースで進むばかりです。値段を吊り上げられることもあれば、買いたたかれるケースもあるはずです。すべては「こちらの必死さ」が不利に働いているのです。

こうした人間の心理をよく知っていただけに、トランプは時に売り惜しみ、時にさほど気のない素振りをします。取引を有利に進めるためにはこうした駆け引きが欠かせないのです。

ワンポイント

焦れば足元を見られる。交渉も取引も人間の心理を理解したうえで進めよう。

第 2 話

社員が自分以上に働いてくれると思ってはいけない

「金のつくり方は億万長者に聞け！」

企業というのは経営者の力量以上には成長しないという言い方があります。経営者にはそれぞれ器があり、その器以上には決して成長しない、という意味です。だからこそ、**もし企業を大きく成長させたいのなら、経営者は率先垂範しなければならないし、みずからの器を少しでも大きくする努力が欠かせないのです**。

経営者としてのトランプはなかなかに猛烈です。ある建築家によると、夜であれ、日曜日であれ、トランプからこんな電話がかかってくることも珍しくはないといいます。

「いい考えが浮かんだ。40分後にオフィスで会おう」(「トランプ」)

そこに「都合はどうですか?」という問いかけはありません。つまり、相手の「イエス」「ノー」を待つつもりなどなく、あるのは40分後に実際にトランプと建築家が話をしているということだけです。

トランプ・タワーの建築中には1日の仕事を終えた後、建築現場にアポなしで不意に出かけることも多かったといいます。理由はこうです。

「不意に現れて、彼らを驚かせてやりたいのさ。仕事をさぼっていないか、見回りに行くんだ。私は彼らに、いっときも休まずトランプ・タワーのために働いてもらいたいと思ってる」(「トランプ」)

社員や仕事を依頼した人たちに「いっときも休まず働く」ことを求める以上、トランプ自身も猛烈に働くのは当然のことでした。こう話しています。

「自ら模範を示す。社員が自分以上に働いてくれると思ってはいけない」

トップの役割についてこう考えていました。

「組織は常に前に進まなければならない。そのためには**情熱を持って取り組むことが不可欠だ。自分が夢中になってやらなかったら、誰もついてはこない**。経営者のパワーを目の当たりにし、肌で感じたら、社員にも伝染するものだ」（『金のつくり方』）

今やトランプの盟友とも言えるイーロン・マスクの持論は「起業家は週に１００時間働け」です。実際、マスクは休みなく働きますし、だからこそ社員にも説得力を持って働くことを求めることができるのです。よほどの大企業ならともかく、ほとんどの企業は経営者がその中心にいて、どうなるかは経営者次第です。経営者が熱心なら企業もそうなるし、経営者が目をそらせば、企業もやがておかしくなっていくのです。「すべては自分次第」がリーダーであるトランプの覚悟と言えます。

ワンポイント

社員に何かを求める前にトップが誰よりも勤勉であれ。社員もそれにならう。

第3話

最高の人材を雇え。ただし、決して彼らを信用するな

「大富豪トランプのでっかく考えて、でっかく儲けろ」

アメリカの経営者、特にＩＴ企業の創業者の中にはＡクラス人材への強いこだわりがあります。Ａクラスの人材だけでチームをつくれば、最高の仕事ができるのに対し、そこに間違ってＢクラスやＣクラスが混ざってしまうとたちまちに「バカの増殖」が起きるというのがアメリカ的な考え方です。いかにＡクラスだけでチームをつくるか、それが成功の秘訣と言うわけです。

トランプも人材の採用に関してはこう明言しています。

「最高の人材しか雇わない」（「金のつくり方」）

マネジメントは雇う人間を慎重に選び、可能な限り最高と呼べる人材を揃えればぐっと楽になります。反対に経営者が一流でも、社員が二流だと会社はうまくいかないし、一流の社員が揃っていても経営者が無能だとやはり力を発揮するのは難しいものです。

会社経営でも、プロジェクトでも優れたリーダーと優れたメンバーが揃うことで初めて成果は上がることになります。こう考えるトランプは当然、採用でもプロジェクトでも最高の人材を雇おうとするわけですが、だからといって最高の人材を１００％信用することはしません。

トランプは言います。

「新しく人を雇うのは毎回ギャンブルである」

最高の人材だからと信じ切ってしまうと痛い目にあいます。たとえ経歴が立派なものであっても、いざ仕事をやらせてみると、見掛け倒しという人間もいれば、経歴はそこそこでも働きだしてみると素晴らしく優秀な人もいます。

実際、トランプはこれまでに「純金のような人」にあたったこともあれば、「ろくでもない輩《やから》」にぶつかったこともあります。そして両者はほぼ同じ数だけいるため、取引業者にしても、採用した人間であっても、どれほど相手を信じたくても、多少は疑いの目を持たないと苦い経験をすることになるというのがトランプの経験からの言葉です。

パナソニックの創業者で、「経営の神様」とも呼ばれた松下幸之助の人の使い方は「頼むのでもなく、任すのでもなく、使うことだ」というものでした。たとえ最高の人材であっても、その人材を使いこなすためには十分な知識と、しっかりとした管理が欠かせません。それを怠って安易に任せ、安易に頼り切ると何が起きるのでしょうか。人は時として意地悪くなり、時として卑劣になり、時として人を傷つけるというのがトランプの考え方でしだ。トランプは言います。

「最高の人材を雇え。ただし、決して彼らを信用するな」

ワンポイント

最高の人材にこだわれ。ただし、100%の信頼はしない。

第4話

どんなに込み入った問題でも10語足らずで説明できる

「トランプ　最強の人生戦略」

トランプが初めて共和党の大統領候補を選ぶ選挙に臨んだ際、政治の経験豊富な候補者たちの中でトランプが異彩を放っていたのは言葉の平易さ、分かりやすさでした。時に「暴言」「妄言」と評されることもありましたが、**発する言葉が平易で分かりやすく普通のアメリカ人の心に刺さったからこそトランプは熱狂的な支持者をつかむことができたとも言えます。**

トランプは早くからウォール街や政治家の言葉の分かりにくさ、曖昧《あいまい》さに辟易《へきえき》していました。

「ウォール街で成功したいわゆる『神様』たちが難解な業界用語を並べ立てて話すのには、めまいを覚えることがある」（「金のつくり方」）と指摘していました。

「言葉を濁すことは、自分の考えや行動に迷いがあることを露呈することだ。政治家がよくやることではあるが、適切ではないし、無礼でもったいぶっているとしか思えない」（「金のつくり方」）というのがトランプの見方であり、トランプ自身は日ごろから曖昧な言葉を使わないようにしていましたし、はっきりものを言うことでも知られていました。トランプ・オーガナイゼーションの社員にも同様のことを求めていました。

ある時、グループの役員が計画中の開発プロジェクトについて延々と説明をしました。用地のメリットやデメリットを一つずつ挙げながら結論の見えない話を続ける役員にトランプが「プロジェクトをどう思うか10語以内で答えてくれ」（「金のつくり方」）と言うと、役員の答えはひと言、「最悪です」でした。

トランプはとりとめもない話を聞かされるのが大嫌いでした。世の中には前置きがやたらと長く、「いつになったら本題に入るつもりだ?」と思わせるような人が少なくありませんが、トランプによると「ビジネスの場は、思い付きに任せてぺちゃくちゃおしゃべりするところではない」のです。**「何事も短く、早く、そしてずばり要点を言う」ことこそが、相手の時間を尊重することであり、礼儀に適うことなのです。**

意見を述べるとか、アイデアを披露する時には十全の準備を行って、できるだけ明快に話すことが必要になります。ポイントを絞り込みさえすれば、10語とか20語で要点を伝えることができるし、それでこそ相手の心をつかむことができて、交渉などにも勝つことができるのです。

「提案するすべてのアイデアは、カクテルパーティーで知り合ったばかりの人にも簡単に理解してもらえるような、単純なものでなければならない」はGEの伝説のCEOジャック・ウェルチの言葉ですが、分かりやすい簡潔で単純なメッセージは伝わりやすいことをトランプはよく理解していました。

ワンポイント

話は短く要点を簡潔に。それが時間を大切にすることであり礼儀に適うこと。

第 5 話

これは壮大なプロジェクトだ。
この仕事で君は
一躍スターになれるぞ

「トランプ自伝」

トランプの特徴は「世界一」や「当代最高」への強いこだわりにあります。一つの時代に「世界一」や「当代一」がいくつも共存することはありません。自分がつくるものこそ最高のものにしたいというのがトランプの考え方です。

最高のものをつくるためには最高のスタッフや最高の会社と手を組むことが不可欠です。ここで妥協すると目指す「卓越したものづくり」は不可能になるからです。だからこそ、ウォルマン・スケートリンクの管理は「当代最高の腕を持つ会社」(「トランプ自伝」)に任せましたし、初めてのゴルフ場開発では世界トップレベルの人や企業に教えを請うことでプロジェクトを成功させています。

そんなトランプもグランド・ハイアットの建設にあたってはまだ20代であり、誇れるほどの実績もありませんでしたから、世界最高の建築家に依頼するほどの力はありませんでした。しかし、それで諦めるトランプではありません。代わりに将来、世界最高の建築家になりそうな人を探していきます。荒廃したコモドアを再生する方法はいくつかありました。ある安ホテルのチェーンは自分たちがコモドアを買い取れば、2、300万ドルかけて改装して運営すると提案しましたが、それは三流のホテル会社による二流の改装工事(「トランプ自伝」)であり、トランプによるとそんな手を入れる程度の改装は地区の再生にとって何の役にも立たない提案でした。

二流三流の仕事を続けても一流になれることはありません。

トランプが考えていたのは荒れ果てている周辺の建物との調和など無視した完全なつくり変えでした。そんな人目を引く斬新なデザインを実現するためにトランプが選んだのは「若い才能ある建築家」のダー・スカットでした。トランプはスカットに「なるべく図面に金をかけたように見えるようにしてくれ」（『トランプ自伝』）と依頼し、安い設計料しか払っていません。代わりにこう言いました。

「これは壮大なプロジェクトだ。この仕事で君は一躍スターになれるぞ」

スカットはのちにトランプ・タワーなども手掛けることになり、「トランプが私の将来について語ったことは正しかった」とのちに認めたといいます。才能ある人ほど壮大なプロジェクトに心惹かれるものです。スティーブ・ジョブズも才能ある人を見出し、そして口説き落とす達人でしたが、トランプにも早くから才能ある人を見出し、やる気にさせる才能が備わっていたのです。才能ある人は才能を認めてくれる人を好み、お金以上に仕事のやりがいや、「世界を変える」といった影響力に惹かれるものなのです。

ワンポイント

才能ある人間を口説きたいのなら、お金よりもその仕事がいかに魅力的かを語れ。

第6話

相手がどう接するかが、
そのまま私の相手に対する
接し方になることもある。
これを私はフェアプレーと
呼んでいる

「明日の成功者たちへ」

トランプはその言動のせいか非常に攻撃的な人間と思われていますが、一方で「誰かに助けてもらったら、必ずお礼を言いなさい。これは人生の基本中の基本だ」（「でっかく考えて」）と話しているように「感謝の心」を大切にする人間でもあります。

「私たちには誰でも、感謝すべきことがたくさんある」というのがトランプの考え方です。とはいえ、世の中には感謝の念を忘れた恩知らずもたくさんいるのも事実です。トランプは何度も擁護したにもかかわらず、感謝の手紙一本受け取っていない相手に対しては一切容赦することはありません。トランプは言います。

「私のモットーは『必ず借りを返せ』だ」（「でっかく考えて」）

相手が自分を助けてくれたならお礼を言って感謝の気持ちを忘れませんが、もし誰かにひどい目にあわされたなら、徹底的に反撃しなければならないというのがトランプの流儀です。

「右の頬を打たれたら左の頬を差し出せ」ではありませんが、本来、どんなにひどい目にあわされても寛容の精神で接するのが立派な大人の態度のような気もしますが、トランプはきっぱりと否定しています。こう言い切っています。

「相手が私にどう接するかが、そのまま私の相手に対する接し方になることもある。これを昔から言う『目には目を』方式と呼ぶ人もいるが、私はフェアプレーと呼んでいる」

マンハッタンに進出したばかりの頃、ペン・セントラル鉄道が持つ操車場跡地を購入する権利をトランプは取得します。価格は6200万ドルでしたが、この計画をトランプが発表するとすぐにあるプロジェクトでパートナーを組んだこともあるスタレット・ハウジング社が1億5000万ドルというはるかに高い金額での購入を申し出ます。

金額では負けていてもトランプは引き下がるつもりはありませんでした。「私は負けず嫌いで、勝つためには法の許す範囲ならほとんど何でもすることを隠しはしない。時には競争相手をけなすのも取引上の駆け引きの一つだ」と考えるトランプはあらゆる手段を使って勝利します。

相手が戦いを挑んでくるのなら、こちらも勝つためにはあらゆる手を使えばいい。それがトランプ流の「フェアプレー」でした。いじめっ子に対処するには殴られたら思い切り殴り返して、相手が何をしているかを分からせることが必要だ。これがトランプの言うフェアプレーの精神です。トランプ外交にもこうしたフェアプレーの精神がいかんなく発揮されています。

ワンポイント

親切にされたらお礼を。ひどいことをされたら同じことをやり返す。

第7話

友達選びは慎重に行う必要がある。形ばかりの友人とは縁を切れ

「大富豪トランプのでっかく考えて、でっかく儲けろ」

「朱に交われば赤くなる」ではありませんが、誰と付き合うかは慎重であることが肝心です。すぐれた人間と付き合えば、自分も少しばかり向上できるのに対し、ひどい人間と付き合うとあっという間に滑り落ちるというのがアメリカ的な考え方です。トランプは成功を望むなら「でっかく考える人」と付き合うべきと考えていました。人間は環境の産物であり、成功者たちが集うクラブや教会、組織などに参加して、アイデアを交換したり、意見を言い合ったり、夢や野望を分かち合うことで成功に近づけるというのがトランプの考え方です。トランプは言います。

「友達選びは慎重に行う必要がある。心から自分の成功を望んでくれる人とだけ付き合い、ネガティブ思考とちっちゃい考えを持つ形ばかりの友人とは縁を切るのだ」

若い頃から友達を選んできたトランプですが、最初の大統領選挙のさ中には「友人だと思っていた人々に驚かされた」（『THE TRUMP』）経験もしています。

たとえば、メイシーズのCEOテリー・ラングレンとは長年、良い関係を築いてきました。メイシーズではシャツやネクタイといったトランプ・ブランドも販売しています。ところが、トランプのメキシコ移民に関する発言を受けて、ラングレンはメキシコ人からの抗議の電話に恐れをなして「君との関係を断つ」と連絡してきたといいます。これまでの付き合いを考えれば「不誠実にもほどがある」がトランプの感想でした。

もっとも、トランプ自身、大統領選挙に挑戦するとなれば、応援してくれる人の一方には、大きな声で批判する人たちがたくさんいることはよく理解していました。トランプが共和党の大統領候補を目指して選挙に出ることを決意した日、家族みんなでエレベータに乗り込んだ際、トランプは息子のドナルド・トランプ・ジュニアを見て「いよいよ、誰が真の友なのかがはっきりするぞ」(『トランプの真実』)とつぶやいたといいます。

トランプが選挙に出るとなると、大騒ぎになります。既存の政治家はトランプを批判し、マスコミもトランプについてあれこれ書き立てます。トランプが考えている公約を口にすれば、ラングレンのように長年の付き合いを無視して批判に転じる人だっているはずです。トランプ・ジュニアによると、誰よりも現実をよく知るトランプには、やがて訪れる厳しさや過酷さが予測できており、それがあの言葉になったのです。

好調な時にはたくさんの人が集まり、不調になったり、マスコミから叩かれるようになると、あっという間に去っていく人がいます。誰が本当の友達かを見きわめること、友達は慎重に選ぶことも人生ではとても大切なことなのです。

ワンポイント

人は計算高いもの。真の友達は誰なのかをしっかりと見極める。

第 8 話

自分の話す題材について、完璧に知り尽くせ

「トランプ　最強の人生戦略」

トランプの選挙演説などを見ていると、聞く人たちの熱狂が伝わってきます。トランプの演説にはしばしば荒唐無稽な話や、「それは本当か」といった話も紛れ込んでいますが、それでもたしかに聞く人たちはトランプの話に影響を受け、そしてトランプを本気で支持しているように思えます。

トランプは大統領になる以前から大勢の人を前にスピーチをしたり、講演することがよくありましたが、一体どこでそのような能力を身に付けたのでしょうか？　トランプによると、生まれつき人前で巧みな話ができる才能を持つ人はごくまれだといいます。後からこうした才能を身に付けるうえで不可欠なのが「自分の話す題材について、完璧に知り尽くすこと」というのがトランプの考え方です。

アメリカにおける自己啓発や話し方教室の草分けと言えるのがデール・カーネギーです。「世界一の投資家」ウォーレン・バフェットも若い頃にはカーネギーの話し方教室に通うことで「話す力」を磨いていますが、カーネギーが強調しているのが「１００集めて、90を捨てるその心意気」です。

たとえば、営業社員が商品を販売しようとする場合、簡単な説明だけを受けて販売しようとしても、それでは成果も出ませんし、１週間と続くことはありません。そうではなくて「商品についてできる限りの知識を持ち、しかもそれを販売を始めるまでに自分のものにする」という完璧な準備をしてこそ成果を上げることができます。

商品のことをAからZまで知っていれば、何を聞かれても答えることができますし、それだけ商品への思い入れも強くなります。スピーチも同様で、自分が話すべきテーマに関してとことん勉強して、内容を熟知していれば、人前に出ても決して慌てることはありませんし、自信を持って話すことができます。実際に話す内容の10倍の知識があれば、余裕を生み、迫力、熱意をもって話すことができるのです。

トランプは仕事でも成功するためには、隅々まで知り尽くすことが大切だと考えていましたが、同様にスピーチについても「話題の隅々まで知り尽くし」、そのテーマのエキスパートになり、かつ自分の話を聞くのは誰なのか、どんな人たちなのかを知れば、その人たちにぴったりの話ができるし、どんな質問をされてもうろたえることなく、直ちに答えることができるとアドバイスをしています。人を魅了したければ、入念な下準備をしてことに臨む。あとは1に練習、2に練習と、練習あるのみなのです。

ワンポイント

話すテーマと聴衆について知り尽くす。プラス練習によって聞く人を魅了できる。

第9話

すべての人は第二のチャンスを与えられるべきである

「大富豪トランプのでっかく考えて、でっかく儲けろ」

現在のトランプは再び大富豪に返り咲き、アメリカ大統領にまで上り詰めていますが、そこに至る道は決して平坦ではありませんでした。航空会社トランプ・シャトルは1992年に廃業していますし、タージ・マハルなどのカジノも同年に破綻しています。不動産不況の影響をまともに受けたことで100億ドル近い負債を抱えて破滅の淵に追い込まれたこともあります。

にもかかわらず、トランプはいつも逆境から蘇っています。そればかりか「かつて」以上の成功をするところにトランプの凄さがあります。どん底から復活するだけでも大変なことですが、よりパワーアップして、最後は大統領というのはまさに奇跡です。そんな幾度もの失敗や危機から立ち直った経験があるからでしょうか、トランプにはこんな信念があります。

「すべての人は第二のチャンスを与えられるべきである」

トランプは「ミス・アメリカ」の運営にも関わっていましたが、かつてミス・アメリカのタラ・コナーがニューヨークでの未成年飲酒と薬物使用の疑惑をすっぱ抜かれ、大会規定違反によりタイトルはく奪の危機に陥った時、トランプはタラとの話し合いを経て、「恩赦と第二のチャンスを与えるのが適当」という決断を下しています。

この決定にマスコミは騒然となりましたが、トランプは「将来を奪ってしまうべきではない」と擁護しました。結果、タラはミス・アメリカの任期を務め上げることができましたが、この決定をトランプは正しかったと確信しています。

企業もそうですが誰もがミスを犯すものです。だからといって、**そのミスをあまりに厳しく罰してしまうと、多くの社員はミスを犯さないようにと、無難な目標を設定して、決して挑戦などしなくなります。**みんなが石橋を叩いて渡るようになります。すると、たしかにミスはなくなるかもしれませんが、**企業の現場からは創意工夫や挑戦の意欲が失われることになります。**

トランプは言います。

「あなたは失敗から教訓を学ぶ必要がある。そして、ときには許したり忘れたりすることも必要になる」(「でっかく考えて」)

すべての失敗が許されるわけではありませんが、すべての人には第二のチャンスが与えられなければならないのです。トランプの人生は挑戦と成功、そして失敗や挫折を経てさらなる成功を手にすることの繰り返しです。だからこそトランプは「第二のチャンス」を与えようとするし、同時にそんなトランプの生きざまがたくさんの人を魅了するのです。

ワンポイント

失敗を恐れない。人は何度でも立ち直り成功することができる。

第 6 章

「生き方の信条」を語る

第1話

私にとってばくち打ちとは、
スロット・マシンをする
人間に過ぎない。
私はスロット・マシンを
所有する方を好む

「トランプ自伝」

ドナルド・トランプには派手な印象がつきまとっています。

ニューヨークのマンハッタンに高さ202メートル58階建ての超豪華ビル、トランプ・タワーを建て、観光都市アトランティック・シティーにカジノ施設を展開し、テレビのリアリティー番組『アプレンティス』のホストとして「お前は首だ」という決めセリフを吐いたかと思うと、美女好きの面目躍如《めんもくやくじょ》でミス・ユニバース機構を買収したこともあります。極め付きは劣勢と言われたアメリカ大統領選挙に挑戦して、アメリカ大統領にまで上り詰めるなど、常に話題を振りまきながら生きてきたのがトランプです。

そんなトランプだけに私生活もさぞかし破天荒と思われがちですが、実際のトランプは無類の女性好きを除けば**酒も飲まなければ、タバコも吸わず、ギャンブルも一切やらず、読書と思索を好む真面目なビジネスマンです。**

トランプは幼い頃から大酒飲みの祖父の話を聞かされて育ち、実の兄をアルコールで失ったせいもあるのでしょう、早くから「私は酒一滴、タバコ一本やったことがないんですよ」（「トランプ」）と語るほどで、食事もいつも「健康に良いもの」を優先させていました。同様にばくちに関しても一度も打ったことがないと言いきっています。こう話しています。

「私はギャンブルが好きだと思われている。だが私はばくちを打ったことは一度もない。私にとってばくち打ちとは、スロット・マシンをする人間に過ぎない。私はスロット・マシンを所有する方を好む」

トランプによると、カジノはとても儲かるビジネスだといいます。

１９７０年代に世界各国にたくさんのホテルを持つヒルトンの収益構造を調べたところ、ヒルトンの収益の４割近くはラスベガスにあるわずか２軒のカジノ付きホテルによるものだったのです。以来、トランプはニューヨークでのビル建設の一方でカジノ経営にも積極的に乗り出すことになりますが、宝くじを買うのではなく、宝くじを売る方を好んだ「世界一の投資家」ウォーレン・バフェット同様にトランプにとってスロット・マシンはやるものではなく、所有するものだったのです。

トランプは見た目の派手さや、物議をかもす言動とは違って真面目で儲けに徹するビジネスマンであり、こうした真面目さや一途さがあったからこそトランプは成功することができたのです。

ワンポイント

ギャンブルは「やる」ものではなく「所有」するからこそ成功できる。

第2話

ときどき私は夜眠れなくなる。早く起きたい、早く仕事に行きたい、と思うと眠気が吹っ飛んでしまうのだ

「大富豪トランプのでっかく考えて、でっかく儲けろ」

メジャーリーグで大活躍し、今や「世界一の野球選手」とも言われる大谷翔平は、1日の大半が野球と睡眠で占められていると言われるほど「睡眠」に強いこだわりを持っています。健康であること、しっかり眠ること、これが大谷の活躍を支えています。

このように睡眠は誰にとっても大切なものですが、成功した起業家の中にもたっぷり眠る人もいれば、むしろ働くことを重視する人もいるようです。アマゾンを創業したジェフ・ベゾスは『ウォール・ストリート・ジャーナル』の記事で「8時間は必要で、ほぼ毎晩その睡眠時間をとっている。どんな心配事があっても、電気を消したら5分後にはもう寝ている」と述べています。一方、ドナルド・トランプはいかにもトランプらしくこう話しています。

「美人が横にいれば、最高の睡眠がとれる」（「アマゾン・ドット・コム」）

こう書くと、トランプはいつも美人を横に置いてたっぷりの睡眠をとっているように思えますが、**現実のトランプは毎日、精力的に働き、新聞や雑誌、本を読む時間をたっぷりととり、案外と早起きです**。こう話しています。

「私は自分の仕事をこよなく愛しており、この感覚は何物にも代えがたい。ときどき私は夜眠れなくなる。早く起きたい、早く仕事に行きたい、と思うと眠気が吹っ飛んでしまうのだ」

トランプによると、仕事への情熱が大きく、仕事を愛しているとすれば、3、4時間以上眠るのは無理だというのです。こう言いきっています。

「私は朝起きて仕事に行くのが待ち遠しい。朝起きた時に愛する仕事が待っているなら、長々と眠りこけるなどできるはずがない」

ある日本の企業の工場が働く人たちの知恵を活かした改善を行うようになったところ、それ以前は「早く仕事が終わらないかな」と終業時間ばかり気にしていたのに対し、以後は「自分が考えたアイデアを試すために早く出社したいと思うようになった」という話を聞いたことがあります。人は大好きなことをしている時は眠る時間も食事の時間さえ惜しくなりますが、嫌いなことや退屈なことをしている時は時間が過ぎるのがあまりにも長く感じられるものです。会社へ行くのさえ億劫《おっくう》になります。成功を望むなら大好きなこと、たっぷりの情熱を注ぎ込めるものを見つけなければならないというのがトランプの信条です。大好きなこと、愛する仕事なら人は誰だって寝る間も惜しんで夢中になれるのです。

ワンポイント

「早く起きて仕事に行きたい」と思えるほどの情熱を持て。

第3話

目隠しをしてビジネスはできない。
視野を広める努力を
日課にしなければならない

「金のつくり方は億万長者に聞け！」

トランプがアメリカ大統領を目指して共和党の候補者を選ぶための予備選に挑戦した際の発言だけを聞いていると、トランプのことをまるで知らない人たちにとっては世界のことを知らない、ただの暴言野郎に思えます。しかし、実際のトランプはかなりの勉強家です。今や盟友となったイーロン・マスクも学んだ名門ペンシルベニア大学ウォートン・スクール時代を振り返ってこんなことを言っています。

「学生時代、同級生たちが新聞の漫画やスポーツ欄を読んでいる時、私は連邦住宅局の抵当流れ物件のリストを読みふけっていた」(『トランプ自伝』)

このあたりは学生時代から企業の決算書や年次報告書を読みふけっていたウォーレン・バフェットとてもよく似ています。バフェットはみんなの仲間入りをするにはマンガを読めばいいが、差をつけるには学ぶことが大切と考えていました。トランプは父親が経営していた不動産会社を手伝い、不動産ビジネスに強い関心があり、実際に大好きだったのでしょうが、単に「読む」だけではなく、その知識を「ビジネスに活用する」ことで空き室だらけの住宅団地スウィフトン・ヴィレッジを購入、莫大な利益を手にしています。

トランプは抵当流れ物件だけでなく、毎日、たっぷりの時間を新聞や雑誌を読むことにも費やしています。こう話しています。

「私の1日は、早朝、新聞を読むことから始まる。私は特定の目的を持たずに、知性の渇きをいやすためだけに読む。ビジネスの分野に限らず、さまざまな話題を広くチェックし、新たな知識を得るという行為に喜びを覚える」（『でっかく考えて』）

朝は新聞や雑誌に目を通し、夜、家に帰ってからは本、特に伝記を読むというのがトランプの習慣です。幼い頃から、父親から学ぶことの大切さを教えられて以来、欠かすことなく続けている習慣だといいます。人は「自分は何でも知っている」からと学ぶことをやめた瞬間に老いていくとも言われますが、**トランプは学ぶことこそが「若さを保つ」秘訣であり、「世界を知る」秘訣でもあると考えていました。**こう話しています。

「目隠しをしてビジネスはできない。視野を広める努力を日課にしなければならない」

どれほど成功しても、世界に目を向ければ知らないことは山とあります。たくさんのことを知り、たくさんのことを学べば、そこにはビジネスのチャンスもたっぷりとあるのです。だからこそ「勉強する」というのがトランプの考え方です。

ワンポイント

人は「学び続ける」ことで成長できるし、成功のチャンスも手に入る。

第4話

仕事は真面目に考え、
自分のことは
ちょっと不真面目に考えよ

「明日の成功者たちへ」

トランプが手掛けている不動産ビジネスというのは「誠実さ」「完全さ」が求められる世界です。日本でも「地面師」と呼ばれる詐欺集団を扱った映画が話題になったように、巨額のお金が動くだけに海千山千の人たちがうごめく世界でもありますが、少なくとも「建物を建てる」という点に関しては「妥協を許さない完全性」(「明日の成功者」)が求められます。

いい加減な建物を建てる人たちももちろんいます。しかし、こうした急造の建物がどうなるかは各地の地震を初めとする災害現場を見ればよく分かります。トランプは自らの建物に関して「想定外は許されない」と話しているように、人々の安全と幸福を危険にさらすことのないように細部にまで目を配る「誠実な」仕事人です。

一方、仕事を離れた時のトランプはなかなかつかみどころのない人物でした。テレビ番組『アプレンティス』のヒットによってテレビCMなどに登場するようになったトランプは「羽目を外す」ことを大いに楽しんでいます。

VISAのコマーシャルはトランプ・タワーの屋上にいるトランプの手から強風でカードが吹き飛ばされ、慌てたトランプが下の道路にあるゴミ容器の中を引っ掻き回してカードを探すというものですが、それを見た女性が「あらいやだ、この人、順風満帆だと思ってたのに」と言うものでした。

あるいは、テレビ番組『サタデー・ナイト・ライブ』内の「トランプのハウス・オブ・ウィングス」という寸劇ではニワトリのバックコーラスを従えてパステルイエローのスーツで登場したかと思うと、エミー賞の授賞式では歌を披露し、プロレスの億万長者対決に出場するということまでやっています。

「なぜそんなことをするのか？」へのトランプの答えは「なぜいけないの？」（『明日の成功者』）というものでしたが、トランプはこう考えていました。

「怖がらずにチャンスに乗れ。楽しいことにしり込みするな。そのプロセスで他の多くの人たちも楽しんでくれるかもしれないのだから。私の持論は、仕事は真面目に考え、自分のことはちょっと不真面目に考えよ、である。楽しんで良い思い出を残す大事なコツだ」

トランプは人々が「そんなことをしたら世間の信用を失うぞ」とネガティブな反応をしても、ポジティブな考えが湧いて、ネガティブな意見など呑み込んでしまうといいますが、人生には真面目さと、少しの不真面目さがちょうどいいのです。

ワンポイント

仕事には真面目に誠意を持って臨み、人生は少し不真面目に楽しむ方がいい。

第 5 話

声に出して
『なんてすてきな1日だろう』
と言ってみよう

「トランプ　最強の人生戦略」

今日という1日を「いつもと変わらない昨日の延長」と見るのか、「新しい1日の始まり」と見るかでは、人の気持は大きく変わることになります。

「日本の資本主義の父」と呼ばれる渋沢栄一によると、中国の殷《いん》王朝の創始者・湯王《とうおう》は洗面器に「1日を新たな気持ちで、日々を新たな気持ちで、また1日を新たな気持ちで」と刻み込んでいたといいます。たしかに朝起きて、「あーあ、また昨日と同じことの繰り返しか」と思うと、途端にやる気が失せて、渋沢が言うところの「精神が先細り」していくことになります。反対に「今日も新しい1日の始まりだ」と前向きに捉えれば、何か新しいことに挑戦しようという気持ちになれるものです。

トランプは、「成功は態度から始まる」と考えていました。トランプはマンハッタンに進出した頃から既に「成功した起業家」のように振る舞っていましたが、そうやって**「自分は成功するに決まっている」と信じて、成功者のように振る舞い、考えることができれば、実際に成功できると信じていたからです**。

とはいえ、たいていの人は「今の自分」を見て、「とても成功者とは言えないよな」と嘆き、まだ何ものでもない者のように行動してしまいます。しかし、これでは永久に成功がやってくることはありません。

トランプによると、**勝利者らしい、自信に満ちた態度を心がけていれば、成功は向こうからやってくるのです**。そのためには意識改革が必要になります。決して難しいことではありません。トランプは言います。

「声に出して『なんてすてきな1日だろう』と言ってみよう」

朝、目が覚めたら、ベッドから起き上がる前に、1日の始まりを喜びと共に迎えるひとときを過ごします。今日という1日が自分の将来のために、とても大切な、特別な日であると考え、そして「なんてすてきな1日だろう」と声に出すのです。

こうすることでアイデアが湧き、ポジティブなエネルギーが生まれ、顔に微笑さえ浮かびます。すると、体中に活力が漲《みなぎ》り、「今日もがんばろう」という元気が出てくるのです。こう言うと、「それくらいで元気になれるなら苦労しないよ」という声が聞こえてきそうですが、大切なのはまず自分自身が「すばらしい1日」であることを信じ、「きっと成功する」と自信を持つことなのです。まずは意識を変える。自分で自分を信じる。それが成功へのスタートラインに立つことなのです。

ワンポイント

成功したいのならまず意識改革を。朝は「なんてすてきな1日だろう」と声に出す。

第6話

美しさに触れると、
生活の他の部分も美しくしたくなる。
そのようにして、
より高いレベルに到達できるのだ

「トランプ　最強の人生戦略」

トランプの「美しい女性好き」はよく知られています。美女好きが高じて、1996年にはミス・ユニバース機構を買収していますし、1999年にはモデルのマネジメント会社「トランプ・モデル・マネジメント」という会社も設立しています。

「美しい女性と美しい服は最高の組み合わせだ」（「金のつくり方」）と話し、ミス・ユニバースの権利を買った理由をこう話しています。

「私は美しい女性が好きで、事業家でもあるので、いい考えだと思った。そしてやってみたら実際、うまくいったのだ。そんな単純なこともあるのだ」（「金のつくり方」）

トランプには「美しい女性」とともに「美しい建物」を好む傾向があります。こう言いきっています。

「私は早いうちから自分が美しいものに目がないことを知っていた。人の美しさにも、建物の美しさにも引かれるのだ」（「金のつくり方」）

たしかにトランプは若い頃から美しい建物を好み、情熱を注ぎ込んでもいます。女性にしろ、建物にしろ、芸術作品にしろ、トランプはなぜこれほどに美しさに惹《ひ》かれるのでしょうか？

「トロフィーワイフ」という言い方があるように、美しい女性は成功した男性にとってトロフィーのような価値を持っています。美しく豪華なものに囲まれると、成功者として、金持ちとしての満足感を味わえるし、他人に「どうだすごいだろう」と見せびらかすこともできます。

トランプにこうした面があるのはたしかでしょうが、一方でトランプ自身は「美しさに触れると、生活の他の部分も美しくしたくなる。そのようにして、より高いレベルに到達できるのだ」と話しているように、美は成功者たちをさらなる高みに引き上げ、学びと成長の機会を与えてくれ、すべての努力に報いてくれるものだと考えていました。

どうせ手がけるのなら、美しいものを手がけた方がいい。ずば抜けたものをつくり、提供すれば、その人は高い美意識、プロ意識を持ち、いつだって最高の仕事をすると、世間に知らせることができるというのです。トランプの仕事への情熱は心の底から愛するものへの熱中から生まれています。**トランプに限らず、理想的な生き方は愛するものを見つけて情熱を注ぎ込むことです。それが自然と成功へとつながることになるのです。**

ワンポイント

仕事をするなら美しいもの、最高のものを提供するようにしよう。

第7話

私はいかなる握手も認めない

「金のつくり方は億万長者に聞け！」

選挙でお馴染みのものの一つが候補者と有権者の握手です。支持者の中には候補者と握手することを喜ぶ人もいれば、そうでもない人もいますが、候補者はそんなことはお構いなしに有権者と次々と握手を交わすことで支持を集めようとします。

ところが、トランプは大の握手嫌いで知られています。ビジネスに関しては「握手」の効用をしばしば口にしています。若き日、トランプはトランプ・タワーを建てるために隣接するティファニーの空中権を獲得することに成功しますが、ティファニーの伝説的オーナー、ウォルター・ホーヴィングから「私は君と握手した。つまり君と取引したんだ。これで一件落着ということだ」という言葉を貰って以来、「握手＝契約成立」であり、たとえ契約書を交わしていなくても、お金を払っていなくても「握手を交わした以上は取引は成立だ」といった誠実さがビジネスには欠かせないと明言しています。

しかし、実生活におけるトランプは握手をするくらいなら、「日本のようにお辞儀の習慣があればいいのに」と言うほどの握手嫌いでした。こう話しています。

「私はいかなる握手も認めない。とんでもない習慣だ」

理由は見るからに体調の悪い人が、「トランプさん、握手してください」と近寄ってくるとか、レストランのトイレから出てきたばかりの、手を振りながら歩いている人などから「あなたは最高に素晴らしい方です。握手していただけませんか」と言われるといった悪夢のような経験をするからです。こうした人たちの握手を拒めば、間違いなく「悪口」を言われ続けることになります。かといって、握手をしてしまえば、手についているであろう風邪やインフルエンザのウイルス、トイレから運んできた菌が手に付着することになります。新型コロナウイルスが世界的に流行した際には、手洗いこそ最も効果的な防御策の1つと言われましたが、そう言わなければならないほど人は手洗いをしない、あるいは手を洗ったとしてもほんの少し指先を濡らすだけの人たちも少なくありません。

新型コロナウイルスの流行時のトランプ大統領の態度は微妙なものでしたが、少なくとも「手から菌が移る」ことに関してはかなり神経質なタイプであり、握手を求められると、大いに悩むところだといいます。もっとも、実業家トランプなら握手を拒むこともできますが、選挙となるとそうはいきませんでした。そのため最初は握手を拒んでいたトランプも選挙戦が進むにつれて握手もするようになったといいます。主義主張の変更と言えますが、握手のあとは懸命に手を洗っていたのかもしれません。

ワンポイント

ビジネスにおける握手には「約束を守る」という意味が込められている。

第 8 話

新しいアイディアや情報に心を閉ざしてはならない

「トランプ　最強の人生戦略」

タレントなどで「おばかキャラ」を売りにする人がいます。本来、「知らない」ことは恥ずかしいことなのですが、むしろ「何も知らない」ことを誇り、それも自分の一つの個性としてセールスポイントにしようとしているのでしょうか。タレントならともかく、ビジネスの世界で無知は「罪」となります。

トランプは別項でも触れたように忙しい仕事の中でも毎日、学びの時間を持つようにしていますが、理由は「何か新しいことを始める時は、学ぶべきことが山ほどある」ことを経験からよく知っていたからです。

トランプによると、たとえばニューヨークでビルを建てようとするデベロッパーは、指定用途地域や空中権、税法、そして建築家や建設業者、労働組合や役所との付き合い方など知らなければならないことが山ほどあります。もちろん専門家に依頼することもできますが、いくら専門家を使ったとしても、当の本人が何も知らないのでは話になりません。こう言うと、学ぶのは面倒くさいし、勉強はつまらない、本を読むのは退屈だと思う人もいるかもしれませんが、何も学ぶことなくデベロッパーとして成功することなど不可能なのです。トランプは言います。

「まずは知識と経験が必要だ。知恵が身につくのは知恵が育つ下地ができてこそである」(『明日の成功者』)

ビジネスの世界で無知は何の利益ももたらしません。「知らなかった」は教えない側の問題ではなく、知らない側の責任となります。仕事をしっかりと前に進めていくためにはリーダーシップと、裏付けとなる知識が欠かせません。トランプは言います。

「無知は個性などではない。『今日は、今まで知らなかった何を学べるのだろう』と胸に問いながら一日を始めるのは良いものだ。利用できる情報源が今はいくらでもあるのに、なぜ無知なために制約された人生を生きようとするのだろうか」（『明日の成功者』）

不動産ビジネスに限らず、成功したいのなら、「学ぶことはワクワクする冒険」だと考えることです。新しいことを学ぶのは億劫に思えても、「新しいアイディアや情報に心を閉ざしてはならない」し、トランプが尊敬するエイブラハム・リンカーンの**「私は勉強をして、備える。そうすればチャンスはきっとやってくるだろう」**という言葉が教えてくれるように「無知」はチャンスを逃すのに対し、**「学び続ける」ことはチャンスをつかむことにつながるというのがトランプの考え方です。**チャンスをつかむためにも「無知は個性」などと開き直ってはいられないのです。

ワンポイント

無知は個性ではない。永遠に学び続ける学生であれ。

第9話

上へ登る時には、
足元の人々に気を付けろ。
下へ降りる時、
足元にいるのは同じ人々なのだから

「大富豪トランプのでっかく考えて、でっかく儲けろ」

ビジネスや戦いにおいて「前に進む」ことと、「後ろに引く」ことのどちらが難しいかと言えば、やはり「後ろに引く」ことでしょう。企業にとって新製品や新しい事業を始めることも勇気がいりますが、もしそれらがうまくいかず赤字を垂れ流していた時、「撤退する」という決断ができないまま、問題をずるずる引き延ばすのは決して珍しいことではありません。

「辞める」には責任が伴います。ましてや創業者が始めた事業であったり、過去に大成功した事業、あるいは多額の投資を行った事業だと、責任を問われるのを恐れて「あと一年」「もう少し様子を見るか」に陥ってしまいます。

戦いでもそうですが、勝ち戦は勢いもあるし元気満々で進むことができるのに対し、負けて撤退する時には一歩作戦を間違えると大損害を被《こうむ》ることになりかねません。「止める」とか「撤退する」というのは、いつだってとても難しいことです。

トランプは若き日に「時代の寵児」ともてはやされたこともあれば、多額の負債を抱えて「敗残者」になりかけたこともあります。しかし、そんな厳しい時代にあっても何とか生きながらえて、次なる復活に向かって歩き出すことができたのは一つの古い格言を大切にしていたからです。

「上へ登る時には、足元の人々に気を付けろ。下へ降りる時、足元にいるのは同じ人々なのだから」

トランプによるとかつて傲慢《ごうまん》で有名な不動産業者がいて、彼はいつも取引先の銀行員を見下し、侮蔑の言葉を口にしていたといいます。絶頂期にあっていつも相手に嫌な思いをさせていたことが災いして、不動産価格が暴落して銀行から厳しい取り立てにあったさい、不動産業者はひざまずいて、泣いて懇願したにもかかわらず破滅に追いやられたといいます。

一方、**トランプは絶頂期にあっても銀行員を「君たちは最高だ」とほめたたえて、決して彼らを不快にさせないように心がけていました。**こうした良好な関係もあってか、トランプは破滅の危機にあっても銀行から最後通牒《つうちょう》をつきつけられることはなかったといいます。もちろんそのための苦労は大変なものでしたが、ずっと不動産業者であり続けることができたのです。たしかにトランプは大統領選挙で敗北を喫した後もその人気が衰えることはなく、2024年の選挙では史上二人目という返り咲きを果たしています。

ワンポイント

上に登る時、上り詰めた時の態度を人は見ている。傲慢さに気を付けろ。

参考文献

『トランプ自伝　不動産王にビジネスを学ぶ』ドナルド・トランプ、トニー・シュウォーツ著、相原真理子訳、ちくま文庫

『敗者復活　不動産王ドナルド・トランプの戦い』ドナルド・J・トランプ、ケイト・ボナー著、小林龍司訳、日経ＢＰ社

『THE TRUMP　傷ついたアメリカ、最強の切り札』ドナルド・J・トランプ著、岩下慶一訳、ワニブックス

『明日の成功者たちへ　勝利を呼び込む不屈の思考』ドナルド・トランプ著、月谷真紀訳、ＰＨＰ研究所

『トランプ思考　知られざる逆転の成功哲学』ドナルド・トランプ著、月谷真紀訳、ＰＨＰ研究所
『金のつくり方は億万長者に聞け！　大富豪トランプの金持ち入門』ドナルド・Ｊ・トランプ著、石原薫訳、扶桑社
『交渉の達人トランプ　若きアメリカ不動産王の構想と決断』ジェローム・トッチリー著、植山周一郎訳、ダイヤモンド社
『大富豪トランプのでっかく考えて、でっかく儲けろ』ドナルド・トランプ、ビル・ザンカー著、峯村利哉訳、徳間書店
『トランプ　最強の人生戦略』ドナルド・トランプ著、田中孝顕訳、きこ書房

『タフな米国を取り戻せ　アメリカを再び偉大な国家にするために』ドナルド・トランプ著、岩下慶一訳、筑摩書房
『トランプの真実　トランプ・ファミリーとホワイトハウスの素顔』ダグ・ウィード著、藤井厳喜監修・解説、山本泉・神奈川夏子・ドーラン優子、小巻靖子・大橋美帆・山内めぐみ訳、ダイレクト出版
「Newsweek」2015.9.29　2016.3.29　2016.6.21　2024.8.6、CCCメディアハウス

桑原晃弥（くわばら・てるや）

1956年、広島県生まれ。経済・経営ジャーナリスト。慶應義塾大学卒。業界紙記者などを経てフリージャーナリストとして独立。トヨタ式の普及で有名な若松義人氏の会社の顧問として、トヨタ式の実践現場や、大野耐一氏直系のトヨタマンを幅広く取材、トヨタ式の書籍やテキストなどの制作を主導した。一方でスティーブ・ジョブズやジェフ・ベゾス、イーロン・マスクなどの起業家や、ウォーレン・バフェットなどの投資家、本田宗一郎や松下幸之助など成功した経営者の研究をライフワークとし、人材育成から成功法まで鋭い発信を続けている。
著書に『トランプ108の言葉—読むだけで人生に革命が起きる』（すばる舎）、『ドナルド・トランプ勝利への名語録—世界を揺るがす90の言葉』（PHP文庫）、『限界を打ち破る 大谷翔平の名言』『藤井聡太の名言 勝利を必ずつかむ思考法』『世界の大富豪から学ぶ、お金を増やす思考法』『自己肯定感を高める、アドラーの名言』『不可能を可能にする イーロン・マスクの名言』（以上、ぱる出版）などがある。

挑戦《ちょうせん》を続《つづ》け何度《なんど》でも蘇《よみがえ》る ドナルド・トランプの名言《めいげん》

2025年3月6日　初版発行

著　者　桑　原　晃　弥
発行者　和　田　智　明
発行所　株式会社　ぱる出版

〒160-0011　東京都新宿区若葉1-9-16
03(3353)2835—代表
03(3353)2826—FAX
印刷・製本　中央精版印刷(株)
本書籍に関するお問い合わせ、ご連絡は下記にて承ります。
https://www.pal-pub.jp/contact

ISBN978-4-8272-1495-6　C0034